グーグルを超えると言ってくれ

成功を思い描く経営

羽谷朋晃
Tomoaki Hatani

経済界

最初にあったのは、
夢と根拠のない自信だけ。
そこからすべてが始まった。

――――孫正義

はじめに

「グーグルを超える」くらいのビジョンを掲げよ

あなたは、次のような旅のどちらがお好きですか？

ワクワクする、楽しい旅
目まぐるしいだけの、疲れる旅

「ビジョン」が、なぜ会社経営に必要なのか、と聞かれることがあります。

そのとき、私は反問します。

「経営がうまく行く会社と、行かない会社の差は、どこにあると思いますか？」

すると大抵の方は、それがわかっていたら苦労はしないよ、という表情を見せます。

しかし、**うまく行くか行かないか、この差が実は「ビジョンの有る無し」によるのです。**

大急ぎで付け加えておくと、これを言ったのは、MIT（マサチューセッツ工科大学）上席講師のオットー・シャーマーとピーター・センゲという学者です。U理論、および『学習する組織』でよく知られたお二人ですが、その内容については、本文で紹介しています。

私はお二人ほど難しい理論を展開するわけではなく、なぜビジョンが経営に必要なのかの答えとして、

「ビジョンのある経営は楽しいから」

と言います。ビジョンを「夢」と言い換えてもいいでしょう。

会社のビジョンとして、

「グーグルを超える会社になる！」

と宣言した会社に、本文で登場してもらっていますが、あの世界的企業のグーグルを超えようというのですから、壮大です。

ビジョンでは、どんなに壮大な夢であろうとも、それがリーダーの内から出た本音で

あるなら、必ずその会社にプラスに働きかけます。

私は、成長する企業の方程式を、

「プラスの感情×行動」

と表すことにしています。会社全体のプラスの感情と行動（仕組み）の掛け算によって会社は成長していくのです。

人の感情を無視したら、どんなにいい仕組みを導入してもムダになります。ビジョンは、この感情に働きかけます。うれしい、楽しい、ワクワクする、といったプラスの感情を呼び起こすのです。

ビジョンは、彼方にイメージされた、将来の素晴らしい会社の姿です。

そこに向かっていくのは、一つの旅であると言ってもよいでしょう。

ビジョンから導き出された「目標」を目指して、歩き続ける旅です。

一つの目標を達成すると、すぐに次の目標が現れますが、目標の達成は、確実にビジョ

[成長する企業の方程式]

−感情 × 行動(仕組み) = −成果

0感情 × 行動(仕組み) = 0成果

+感情 × 行動(仕組み) = +成果

ンの実現に向かっている証です。

ビジョンがなくて目標だけがある会社では、その目標を達成する意味がわかりません。その向こうに、心を躍らせる、何ものもないからです。

目まぐるしいだけの、疲れる旅になります。

であるならば、将来の素晴らしい会社に一歩一歩近づいていく楽しさ、ワクワク感を味わいながら、長い旅を続けたいと思いませんか。

もう一つ、大切なことを付け加えたいと思います。

一般に経営資源は、「ヒト、モノ、カネ、そして情報」と言います。

しかし、経営における「ビジョン」の大切さを身にしみて感じた人たちからは、これこそ経営資源の最上位に位置づけられるものではないか、と指摘されるのです。

まさにその通りです。

「ビジョン、ヒト、モノ、カネ、そして情報」

これこそが、21世紀の経営資源と言わなくてはなりません。

本書では、ビジョン経営の素晴らしさをできるだけわかりやすくご紹介しました。本書が、21世紀の経営を模索するリーダー、経営幹部の皆さまのお役に立つならば、これに勝る喜びはありません。

2016年10月吉日

羽谷朋晃

グーグルを超えると言ってくれ　もくじ

第1章

なぜ今、会社経営に「ビジョン」が必要なのか？

―― ビジョン経営とは何か

第2章
「成功を思い描く経営」の効果は計り知れない
ビジョン経営のメリット

第3章 過去の成功を断ち切り、どう未来を創造するか

ビジョンを創る

第４章

リーダーが変われば業績は必ず上がる

ビジョンを生かす

第5章 ビジョン経営で会社にブレイクスルーを起こす

――ビジョンで変革するために

第1章

なぜ今、会社経営に「ビジョン」が必要なのか？

ビジョン経営とは何か

ビジョンとは何か。
ビジョン経営がなぜ重要なのか。
ビジョンへの誤解とは何か。

ビジョン経営が成功した会社って、どんなイメージですか？

おっと、いきなり核心に直球勝負ですね（笑）。

そうですね、……ちょっと逆説的になりますが、社員のだれもが「ビジョン」なんて特別なものとは意識していない、あるいは仕事をしているときには忘れている。それにもかかわらず、ふと気づくと、確実にビジョンに向かって成果を出し続けている――。

そんな会社のイメージではないでしょうか。


つまり、ビジョンが空気のような存在になって会社全体を包み込んでいるわけですね。社長から一般社員までビジョンが浸透していて、もはや声高に「ビジョン」「ビジョン」と叫ばなくとも、日々の行動や会社の方針すべてに、ビジョンが生かされているということです。

そんな会社があるかって、よく聞かれますけど、あるんです。

たとえば、私が学校を出てすぐに入ったアメリカの会社、ジョンソン＆ジョンソンがそれでした。

1887年創業で、製薬や医療機器などのヘルスケア関連商品を取り扱う多国籍企業、また「ビジョナリー・カンパニー」としてよく知られるこの会社について、私の経験も交えてここで簡単に触れておきましょう。

ビジョン経営の成功とはどんなものかを理解する、ヒントになるかもしれません。

ジョンソン＆ジョンソンの企業理念は、**『我が信条（Our Credo）』**という形でまとめられています。

ホームページに「企業理念」と書かれているので、私もここでそう言ったのですが、これは、達成されるべき会社の姿、すなわち「ビジョン」と言ってもいいでしょうし、**社長から経営幹部、社員に至るまでの日々の行動の基準となる「価値観」**と言っていいだろうと思います。

『我が信条（Our Credo）』を知ったのは、入社直後の新入社員研修でした。タイレノール事件という出来事に関連して、いかに重要な考え方であるかを学んだのです。

タイレノール事件とは、１９８２年に起きた、ジョンソン＆ジョンソンの鎮痛剤「タイレノール」に、何者かが毒物を混入させ、死亡者を出した事件です。

ジョンソン＆ジョンソンにとっては、致命的な事件になりかねないところでしたが、当時のリーダーの徹底した「消費者の命を守る」考え方と行動で、かえってその対応が称賛を浴びました。

このとき、リーダーの考え方が全社に伝わり、迅速な対応が可能となった背景には『我が信条（Our Credo）』の存在がありました。

この経営哲学が全役員、全社員に徹底されていたために、緊急時対応の方針を決めるのに時間もかからず、組織が一丸となって対処できたといわれています。

以来、『我が信条（Our Credo）』は、ジョンソン＆ジョンソンを語る際に欠かせない存在となり、事務所の壁にも、それが書かれた額が掲げられていました。

これほどに重要な『我が信条（Our Credo）』なのですが、不思議なことに日本支社の同僚たちで、それを話題にする人間はまったくいませんでした。

朝礼のような場もこの会社にはありませんから、全員で唱和することもありません。『我が信条（Our Credo）』を暗記しようとしている社員は一人もいませんでしたし、第一に、覚えろと言われたこともないのです。

7年後に私は、ジョンソン＆ジョンソンを退職して別の会社に移りましたが、『我が信条（Our Credo）』が、同社に確かに生きていたのだな、ビジョンが生きるとはそういうことなのだな、と理解したのは、それからでした。

『我が信条（Our Credo）』って、どんな内容なんですか？

内容そのものはシンプルです。同社のホームページに掲載されていますから、詳細はご覧になっていただきたいのですが、そこには、すべての顧客、全社員、地域社会、そして会社の株主に対する、行動の規範が記されています。

冒頭の言葉は、こうです。

「我々の第一の責任は、我々の製品およびサービスを使用してくれる医師、看護師、患者、そして母親、父親をはじめとする、すべての顧客に対するものであると確信する。」

顧客への責任が最上位の価値観なのです。これがタイレノール事件へのスピーディな全社的な対応を促した一文と考えることができます。

顧客への責任と関連して、勤めていた当時、社員である私たちが当然と考え、またまったく不思議に思っていなかったことに、商品の品質がありました。

ジョンソン&ジョンソンの商品は、実際の使用にはほとんど影響を与えない部分にもこだわり、気を配っていたほどでしたが、そのため品質に対するクレームをお客様から聞くことは、ほとんどなかったものです。

蟻《あり》の一穴《いっけつ》という格言がありますが、わずかなミスを認めてしまうと、巨大な組織を揺るがす大事につながりかねません。製品基準を甘くして、劣化した商品を「まだ使えるから」とお客様に販売するようなことを許したら、あっという間に組織は崩壊するはずです。だから、些細なことも揺るがせにはしませんでした。

ごくまれにクレームがあった場合には、「それっ」とばかりに徹底的な原因の究明にすさまじいエネルギーが注がれました。そうするのが、当たり前のように行われていたのです。

そういったクレームも、十中八九はお客様の使用方法の間違いであったり、保存方法がひどかったりしてのものでした。

最上位には顧客、その次は社員です。

「我々の第二の責任は全社員――世界中で共に働く男性も女性も――に対するものである。」

とあります。**会社は顧客に次ぐ責任を社員に対して持つ、と明言しているのです。**

その中で、

「社員が家族に対する責任を十分に果たすことができるよう、配慮しなくてはならない。」

とありますが、営業職に対して、いち早く直行直帰の仕組みを導入したのも、ジョンソン&ジョンソンでした。出先で仕事が終えたら、会社に帰らずに、そのまま自宅に帰ってよいという仕組み。

私が入社したのは30数年前ですが、この仕組みは日本ではまだ珍しく、どこかのテレビ局が採り上げていたのを思い出します。

仕事を終えたら、取引先から直接、自宅に帰れますから、小さな子供と一緒に夕食をとることができます。お風呂にも一緒に入ることができます。そうした一家団らんのシーンが記憶に残っています。

でも当時は、外資系なので効率重視であり、早く帰れるときは帰るのが当たり前、という程度の認識で過ごしていました。

ほかにも、休暇を取らずに働いていると「有給休暇の消化が悪い」と指摘されるなど、今でこそ大企業では当たり前になっていることが、当時から普通に行われていました。

これらはすべて、『我が信条（Our Credo）』の考えを実際の場に生かしたものだったのです。

そういう仕組み、決まりをつくる風土がつくられていたのですね？

はい。……こんなこともありました。

あるとき、社員が増えて営業所が手狭になったので、移転のために事務所を探していました。

一つの物件が気に入りました。駅からも近く、これまでの事務所にも遠くない。さっそく契約を、と言ったときに、本社から、

「その物件はオフィスとしてふさわしくない」

と否認されたのです。

理由を聞くと、そこは2階であるにも関わらず、スプリンクラーがないというのです。オフィスが2階以上である場合には、スプリンクラーの設置が必須であると規定で決まっている、「だからノーである」というのでした。

当時、若かった私たちは、

「2階なんだから、火事があっても飛び降りれば大丈夫だ」

「オフィスビルで、めったに火事なんか起きない。心配するなよ」

などと言って、契約を進めようと迫りましたが、

「安全が保障できない」

本社は、頑として受け付けてはくれませんでした。

社内規定はすべて、当然、『我が信条（Our Credo）』を基につくられています。

確かに、『我が信条（Our Credo）』には、

「社員は安心して仕事に従事できなければならない。」

「働く環境は清潔で、整理整頓され、かつ安全でなければならない。」

とありました。

スプリンクラーは、万が一の火事を想定したとき、安全の観点から見れば必須には違いありません。でも、こうしたことは、すべて退職後に「なるほど、そういうことだったのか」と合点したことばかりです。

会社のあらゆる考え方や行動のベースに、『我が信条（Our Credo）』があり、会社は愚直なまでに、それを実現しようとしていたことに気づいたのです。

小さな経験を日常の仕事や生活の中で重ねていくなかで、私たちはごく自然に、『我が信条（Our Credo）』の世界に溶け込んでいったのだと、むしろこの会社を離れた後で

のほうが強烈に意識させられたのでした。

さて、ご質問への答えですが、むろん、こうした会社の土壌や風土は、自然発生的に生まれたわけではありません。

人間が、長い時間をかけて創り上げてきたのです。

特に重要なのは、社長や経営幹部、部長や課長といったリーダーたちです。

『我が信条（Our Credo）』をつくったのは、ホームページによれば、１９３２年から１９６３年の31年間の長きにわたってジョンソン&ジョンソンの最高経営責任者を務めたロバート・ウッド・ジョンソンです。

彼は１９４３年に、初めて取締役会でこれを発表したとき、「これに賛同できない人は他社で働いてくれて構わない」と断言したそうです。並々ではない決意で『我が信条（Our Credo）』を起草したに違いありません。

以来、ジョンソン&ジョンソンでは、リーダーたちが細心の注意をもって『我が信条

〔Our Credo〕』を日常に反映させるべく、努力してきたといってよいでしょう。

ジョンソン&ジョンソンのホームページには、

「さまざまな工夫によって経営哲学（我が信条＝Our Credo）を社員、特に管理職以上には徹底していました。たとえば、全世界のあるレベル以上の管理職を招集して行われるCredo Meeting、上司がCredoに沿って行動しているかどうかを部下が評価する仕組みなどです。」

と紹介されています。

ジョンソン&ジョンソンの話はこれくらいにしますが、**ビジョンは、社員より先に、まずはリーダーたちの理解と、それによる浸透が重要です。**はじめから全社員に浸透させることは、むしろ考えないほうがいいくらいです。

そもそも「ビジョン」って、いったい何ですか？

企業によって、理念とかミッション、ビジョン、あるいは価値観などと、いろいろな言い方をしていますね。

私は表現にあまりこだわる必要はないと考えていますが、一応、区別しておくと、

・理念・ミッション（使命）＝その会社の存在意義。何のために存在しているかを示すもの。

・ビジョン＝その存在意義が達成されたとき、どんな会社になっているかを具体的に示したもの。

・価値観＝そこに向かうための行動指針を示したもの。

と定義できると思います。

ただし、世の中の企業群には、これらを区別している会社もあれば、混同していると

ころもあります。

たとえば、ある航空会社の理念は、「安心と信頼を基礎に、世界をつなぐ心の翼で、夢にあふれる未来に貢献します」。そしてビジョンは、「○○グループは、お客様満足と価値創造で世界のリーディング・エアライン・グループをめざします。」

これを読むと、どうも理念もビジョンも同じではないかと混乱してきます。

重要なのは、理念、ミッション、あるいはビジョンと、呼び名はどうであれ、それらを根底において会社をよりよく経営していくことです。

だから、少々乱暴だと批判されるかもしれませんが、この本ではこれらを総称して「ビジョン」と呼んで話を進めていきましょう。


ということを前提にして、改めて「ビジョン」とは何か。

ビジョンとは、トップ（経営者・創業者）が思い描く、「わが社の目的」「わが社の目指す姿、あるべき姿」です。

このビジョンを経営幹部、社員と共有し、中長期の目標・計画、さらに社内の規則づくりや日々の行動の基盤に置きます。つまり、**計画や行動がビジョンにかなったものであるかどうかを常にチェックしていくのです。**

これによって、トップから社員に至るまでの考え方、行動に一貫性が与えられ、ベクトルが同じ方向になります。

というふうに言うと、どうもたいそうな存在になってしまいますね。何となく額《がく》に入れて壁に飾っておきたい、飾っておけば何とか御利益がありそうな代物のように思えてきますね。

しかし、壁に飾ったビジョンなんてなくてもいいです。あるいは、私がジョンソン&ジョンソンにいたころのように、**あえて言えば一般社員が知らなくてもいいのです。**「ビジョンが生きていることが重要」と私はよく言うのですが、ビジョンは遠くの彼方にあるものではなくて、今、この瞬間に既に存在していて、社内で生き生きと生きていなくてはならないものです。特にリーダーの心に。

たとえば、お客様に笑顔を提供する会社に、というビジョンを持つならば、お客様の笑顔をつくるための、いろいろな戦略が練られているかどうかです。

あるいは、何々のリーディング・カンパニーになるというならば、リーディング・カンパニーになるのは、もちろん先の話であることは間違いないのだけれども、リーディング・カンパニーは社員をどう扱うだろうか、仕事の仕方はどうなのだろう、と現在の問題に落として考えていくわけです。

リーディング・カンパニーとして恥ずかしくないような社員の評価、待遇、仕事の進め方をしていかなくてはならないし、お客様に接していかなくてはいけないということです。

そのビジョンが実現していく状態を想定して、今の会社の在り方をチェックしていきます。そうすると、できていないこと、足りていないことがたくさん見えてきますね。

できていないこと、足りていないことに対して、だからこそ改善の方法を探っていくわけで、それが「ビジョンが生きている」状態です。

企業だけでなく、自治体などもビジョンを掲げて政治に取り組んでいるケースが多くなっています。

自治体の場合は総合的な将来計画で、たとえば新潟市では「にいがた未来ビジョン」、明石市では10年後に目指す街づくりを「ひと まち ゆたかに育つ未来安心都市・明石」と表現しています。

企業とは違って派手さはありませんが、がっちりとした計画で未来の街づくりを構想しています。ビジョンの具体性という意味では、企業以上といっていいかもしれません。各市のホームページで見ることができます。

世界的企業のグーグルでは、「10の事実」という理念を掲げています。

理念というよりも社員に対する価値観だと私は思いますけど、この価値観の基に日々、企業活動が展開されているのです。

グーグルでは、どんなふうに「ビジョン」を生かしているのですか？

こんな形もあるのだという例として、ご紹介します。

1……ユーザーに焦点をしぼれば、他のものはみな後からついて来る。
2……一つのことをとことん極めてうまくやるのが一番。
3……遅いより早いほうが良い。
4……ウェブ上の民主主義は機能します。
5……情報を探したくなるのは、パソコンの前にいるときだけではない。
6……悪事を働かなくても金は稼げる。
7……世の中にはまだまだ情報があふれている。
8……情報のニーズはすべての国境を超える。

9……スーツがなくても真剣に仕事はできる。
10……「すばらしい」では足りない。

これを見ると、グーグルはいつも「新しいもの」を見つめ続けていることがよく伝わってきます。

9の「スーツがなくても真剣に仕事ができる」は、ちょっとわかりにくい表現ですが、要するに、仕事は楽しくやろう、という意味です。

ここからさまざまな福利厚生のシステムが生まれますし、金曜の夜には、ビールを飲みながらミーティングしよう、という発想が生まれます。現実に生かしてこそ、ビジョンを掲げる価値が出てくるのです。

企業活動も社員の日々の行動も、この「10の事実」という価値観に沿ったものになっていきます。グーグルでは、どんな働き方をしているか、数点、ご紹介しましょう。

たとえば、オフィスの広さですが、ふだん作業をするスペースは狭く、互いにひじを突き合わせるほどです。アメリカの企業は従来、オフィスを仕切っていましたが、グーグルではあえてその仕切りを取っ払ったのです。

そうして狭いオフィスで、同じプロジェクトの仲間が集まって、わいわいがやがやと議論します。一種の場のデザインだと思いますが、こうすることによって意思疎通がスムーズになるのですね。孤立化も防ぎますし、仲間意識を高める効果もあります。

また、**面白いのは、異議を唱える「義務」があるという点です。会議で、異論があったなら、経験や役職にまったく関係なく、声を上げなくてはならないのです。**権利ではなく、義務であるというところがユニークです。

仕事が、あるいは会社が、変な方向に行こうとしているぞと気づいたら、すかさず「おかしいよ」と声を上げなくてはならないという企業文化なのです。

ほかにも、「イエス」の文化を醸成するということがあります。**ここで言う「イエス」は「やってみよう」のイエスです。**イエスという返答を、できるだけ頻繁に言おう、というのです。イエスと言えば、物事が動き出すし、成長が始まる、と。

確かに、ノーとまず答える姿勢からは、現状を変え得る、イノベーション的な行動は生まれません。肯定の考え方を取り入れることで、「やってみよう」という気持ちが起きますし、それによって自分の成長が加速されますね。

でも多くの会社は、売上さえ上がればビジョンはいらないと考えてるのでは？

知っています、そういう社長がいることを。

確かに、売上至上主義的な考えだけで経営をしていると、ビジョンを考えたり、そこから経営をどうするかなどということは、面倒くさいし、遠回りに聞こえてしまうでしょうね。

これまでうまくやって成功してきたのに、何か、必要のない、余計なことをしていると思えてしまうかもしれません。

しかし、その会社にとって、右肩上がりに成長を続ける時代は、いつまで続くのかということです。

あるいは、**売上至上の考え方で、社員は満足して働くことができるかどうか、顧客を満足させる製品やサービスを提供し続けることができるのか否か、です。**

特に知ってほしいのは、現代は市場・顧客・社員の変化の激しい時代に入ってきたという状況についてです。

グーグルは、**「20世紀に学んだことは、ほとんど間違っていて役に立たない。根本から見直さなくてはならない」**と言っています。

これまでの成功ノウハウは通用しないと否定して、グーグルほどの会社が一から考え直すことを決意しています。

売上さえ上がれば、と言っている会社の売上も、現実には減り始めているのではないでしょうか。有能だったセールスマンが、会社に不満を感じてやめてしまうということも、これから、まったくないとは言い切れません。

そうしたことに会社が当面したとき、解決策はあるのでしょうか。

現実は常に変化しています。この変化に企業は対応しながら生きていかなくてはなりません。ところが成功体験の強い会社ほど、それに引きずられて、変化できにくい傾向があります。

傲慢《ごうまん》になり、本来見なくてはいけないものが、見えなくなってしまうのです。

成功から生まれる傲慢さ

ジェームス・C・コリンズの名著『ビジョナリー・カンパニー3』では、「偉大と称された企業が、なぜ没落したのか？」をテーマに展開していますが、衰退に向かう第一段階で「成功から生まれる傲慢さ」が出てくると指摘しています。

「社長の言うことは絶対だ！　反論は許さん」

傲慢さというとこんなことを叫ぶ経営者をイメージしそうですが、ジム・コリンズの指摘する「傲慢さ」は少し異なります。成功によって生まれる傲慢さは次の通りです。

1……今の成功が、これからも続くと根拠もなしに信じている。
2……目の前のチャンスや脅威にばかり目が奪われ、成功に導いた本来の要因がどこかに置き去りにされる。
3……成功要因に目がいかないので、うまくいかなくなる要因を無視する。
4……そうなると、真摯に学ぶ気持ちが薄れていく。

「これまでこの方法で成功してきた。これからもうまくいく」と思い込んでしまうのです。そうなると、うまくいかない原因は外へと向けられるようになります。

「市場環境が悪化したから。大きな取引先が方針転換したから」などと考えてしまい、自分や自社の中に原因を探る矢印が向かなくなってしまいます。

すなわち、この成功はずっと続くだろうと思い、成功を続けるのは自分たちの権利でもあるかのように考えてしまう。そうして、成功をもたらした要因を見失ってしまう。

まさに成功体験の怖さです。

リーダーが優秀かどうかの話ではありません。成功体験は、人を傲慢にしてしまうのです。そうなると、もはや変化を恐れ、衰退していくしかありません。

参考までに、『ビジョナリー・カンパニー3』の衰退の5段階を紹介しましょう。

第二段階は、規律なき拡大路線です。成功体験が生んだ自信過剰です。

第三段階は、リスクと問題の否認。悪いデータは小さく評価し、よいデータは強調します。議論の場もなくなります。

第四段階は、一発逆転策の追及。もはや一発逆転を祈るのみ。

第五段階で、屈服と凡庸な企業への転落か消滅。

20世紀は売上が右肩上がりで伸びた時代でした。企業が成長した時代でした。

しかし、20世紀に成功し、売上を上げた企業ほど、成功体験に縛られて（意識する、しないにかかわらず傲慢に陥り）、変化の時代に乗り遅れるリスクを負っているのです。

長期的ビジョンより目先の短期的な利益を取りにいってしまうのですね？

短期的利益重視で衰退企業へ

立派なビジョンを持ち、一時は世界のトップ企業に君臨したソニーも、短期的な利益を重視したために、衰退企業の仲間入りをしてしまった会社の一つです。同社は20年ほど前にアメリカ型経営管理の手法を導入し、確かな利益の出る手堅い商品開発を重視しました。

アメリカ型経営管理そのものは、良くも悪くもありません。ジョンソン&ジョンソン、グーグル、アップルもやっていることです。

１９９０年代に、バブル経済の崩壊によって日本の企業の多くは低迷期にありました。その時期、好業績を続けていたアメリカ企業の経営管理を導入したのです。

輸入したマネジメントモデルはいくつかありますが、**なかでも問題だったのは、経済激変の下において重視されがちな「短期志向」、つまり四半期決算というような超短期志向でした。**

ソニーも同様です。そして超短期の罠に落ちたのです。年に4回の決算で、どの期も利益を出していかなくてはいけない。そこに頭がシフトしてしまって、中長期の戦略もどこかに行ってしまったのです。ましてや「ビジョン」なんてまったく忘れ去られて、短期の利益を取りに行くという、あさましい姿になってしまったのです。

グーグルにしてもジョンソン&ジョンソンにしても、同じ四半期決算ではありますが、あくまでビジョンに沿った企業活動を貫きながら、数字は達成していくというスタンスです。

それができなかったのですね。

確かな利益を上げることだけに没頭したために、意外性や驚きのある商品は先送りです。画期的な商品を開発しながら、それを市場に出すと、従来品が売れなくなる（確実な利益が取れない）という理由で却下されたという話もあります。

また、理念よりも組織の利益が優先しました。組織の壁がソニーを覆って、硬直化してしまいました。

本来であれば、しっかりとしたビジョンがあるわけですから、それに対応した現代の活動、その活動を支援する組織を考えていけばよかったのですが、ビジョンを無視してアメリカ型経営を入れてしまったのです。

こうして、アメリカの先端企業以上の技術力がありながら、それを生かすことができずに衰退の一途をたどったのです。

そうならないためにも
ビジョン経営が重要ということですか？

成功から来た「傲慢さ」を持たず、また短期的な目先の利益を追わずに、リーダーが適切な判断をするには、どうしたらいいのか。

ジム・コリンズが、解決策を示唆しています。

それは**「規律」**と表現しています。

規律と聞くと、ルールを守ること、決まったことを守る、というイメージを持ちますが、そうではありません。

「規律」をジム・コリンズは「Discipline」というワードで示しています。このワードの原義は、弟子や門人の教育を意味する言葉です。

つまり単にルールを守るにとどまらず、人が成長して、何かを成し遂げるためにやり抜く意志を表しています。

そしてジム・コリンズは、「規律ある人材」「規律ある考え」「規律ある行動」が、傲慢にならず、適切な判断をする要因だと指摘しました。

「規律ある人材」とは、「会社のビジョン達成」に向けた、謙虚さとプロとしての意志の強さを持つ人材、と定義しています。

ここで大切なのは、到達点が、目先の短期的な利益目標達成ではなく、「会社のビジョン達成」ということです。

短期的な利益の達成も重要ですが、一つの通過点に過ぎないのです。

どんな会社にしたいのか、どんな価値観を持つ会社にしたいのか、働く社員の成長はどうあるべきなのか、といったことを実現していくうえでの、一つの通過点なのです。

「規律ある考え」とは、どんな困難に遭遇しても、必ずゴールに達するという確信を失わない考え方を言います。

そして、そのために、リーダーには最も厳しい現実から目を背けずに向き合う姿勢を持つことが求められます。

どんなに今、成功していても、最悪な状態に目を向けていく。逆に、どんなに苦しい状況にあっても、そこからの出口が必ずあることを信じて、出口を探し出すのです。

「規律ある行動」とは、規律ある人材が、規律ある考えを持って、自分自身の役割と責任を全うしていくことだ、とジム・コリンズは言います。

「なんだか難しそう。こんなリーダーになれるだろうか」

としり込みしそうなリーダー像ですが、しかし、

「すべてのリーダーは、平凡なリーダーになることも、偉大になることもできる」

「自らの意志で偉大になる」

と、ジム・コリンズは『ビジョナリー・カンパニー4』で励ましてくれています。

手始めに、傲慢に陥らないよう、考え方の基本を変えていきましょう。

「私たちは成功した」という意識を、「まだまだ途中だ」に変換していくのです。

ビジョンを掲げ、そこに向かっていく今、ビジョンを実現するまでは「まだまだ途中」なのです。言ってしまえば、あなたが到達しなくても構わないのです。

その考え方の基本を変えていくことで、自然に脳は「規律に向かう脳」に変換していくはずです。

現状より「元気の素」が大切なのに

ビジョンはトップの考える会社の目的、目指す姿、あるべき姿であると言いましたね。先ほどの「リーディング・カンパニーになる」などといったことが、目的にあたりますが、企業経営にこうした目的観がないと、言ってみればどこに向かって走っているかわからない難破船みたいな存在になるということです。

ただただ、毎日、行きあたりばったりに働いている。**売上を上げることだけが、最大の目的になってしまう。そういう状況にある多くの会社では、上から下まで疲弊してしまいます。疲弊しないためには、元気の素が必要です。それがビジョンです。**

この稿を書いているとき、たまたまウェブで面白い記事を見つけました。東証1部上場企業・ジェイアイエヌの田中仁社長のインタビュー記事ですが、リーマンショックの起こったところ、会社が経営危機に陥り、今後の経営方針を決めかねていたところ、ある人の紹介でファーストリテイリングの柳井正会長兼社長に会う機会を得たのだそうです。

田中氏としては何かのアドバイスをもらおうという気持ちだったのでしょうが、柳井氏から出たのは、「御社の事業価値は？」「ミッションは？」という思いがけない質問。つまり、どんなビジョンを持って経営しているのか、という問いでした。

でも、ビジョンなど考えたこともない田中氏には、このとき、問いに答えられるはずがありません。

明確なビジョンがなくては会社が成長できない、その場しのぎの商売はダメ、と教えられた田中氏は、この後すぐに経営幹部とともに合宿してビジョンを創ったとのこと。面白いことに、ビジョンを掲げると、次の打つ手が、明確に見え出したと言います。

短い記事でしたが、ビジョン経営の大切さを端的に示していました。

実は、会社がビジョンを持つことの重要さは、そこに働く人々の感情が動くことにあるのです。ビジョンは、人間の感情に働きかけるのです。

リーディング・カンパニーになるというビジョンを掲げたとき、これに沿った戦略が練られ、どんなことが可能になるかが語られ、議論されます。

そういうときに、

「何年後かに、こういうことができたらいいね」

という高揚感、ワクワクするイメージが与えられます。あるいはそのイメージが自らに湧《わ》いてきます。

さらに、リーダーである社長や経営幹部がビジョンという会社の高みに向かって動いていることを見るだけではなく、**社員が「自分もその仲間なんだ」と自覚することで、チームがまとまり、ベクトルが一致していきます。**

これが会社にとってなくてはならない「元気の素」です。

売上至上主義など、現状に振り回されるだけの会社にならないために、いつも到達すべきビジョンを持つことが必要なのです。

ビジョンに対しての「誤解」はほかにもありそうですね

何ごとにも誤った理解はつきものですが、ビジョンというものに対しても、おっしゃるとおり、いくつかの誤解が生まれています。社長や経営幹部、社員の別はなく、だれにも誤解という落とし穴があります。

扱いを間違えているために、せっかくのビジョンがその役目を果たさない、あるいは会社がかえって方向性を見失ってしまうようなことが起きます。

そんなことが起きないように、あらかじめ、どんな誤解があるか、見ておきましょう。

「借りもの」のビジョンでもいいと考える誤解

ビジョンは目的であり、会社が目指す方向です。経営トップが心から欲する、会社のあるべき姿です。

そのビジョンが他社からの「借り物」でよいのか？　と問うと、だれもが「とんでもない。借り物でいいわけがない」と答えます。

ところが、**私の経験で言えば、**

「さあ、ビジョンをわが社も持とう」という段階で用意するのは、有名会社から知り合いの会社に至るまでの、すでに出来上がっているビジョンです。

それらをテーブルに乗せて、言葉選びを始めるわけです。これがいい、あれがいい、自分たちの会社に合うのはどれだろう……。まるで、自分の体に合う洋服を品定めするように、です。

挙句には、「人々に笑顔を提供するリーディング・カンパニーになる」というような、だれが見ても文句のつけようのないフレーズが選ばれます。

リーダーを含めて社員の多くが、「そうだね、こんな会社になったらいいね」と、しばらくは盛り上がります。

しかし、盛り上がりは長くは続きません。日々の業務に戻ると、多忙な日常業務が待っています。今、目の前に起きている仕事に振り回されることになります。

幹部ともなれば、今月の売上、利益はどうなっているのかが気にかかりますし、相変わらず部下が指示待ち顔でこちらを見ています。

いつの間にか盛り上がりも収まり、ふだん通りの日常に戻ったオフィスでは、ビジョンは事務所の壁の額に入った飾り物になっています。そうしてリーダー自身、ビジョンが飾り物になっていることに気づきません。

このような状況になるのは、自ら生み出したビジョンではない、どこかからの借りものだからです。


と言うと、反論が出るかもしれませんね。

「服だって、初めはその人に合っていなくても、身につけていれば、次第に体に合ったものになっていく。ビジョンも同じ。借りものであっても、それを掲げ続けることで会社は成長するのではないか」

確かにそういう会社もあります。

ただし、そうなるのは、掲げたビジョンのような会社になろうと努力するからにほかなりません。

あるいはビジョンを掲げたことでリーダーが自信を持ち、行動が変わるからなのです。

そうなれば、もうそれは借りものではなく、自分のものとなっているのです。

借りものではいけない、もっと重要な理由は、リーダーも社員もビジョンとは別の「本音」を持っていることです。

「○○分野でのリーディング・カンパニーになる」

ビジョンで大見えを切って宣言しても、心の中で、

「うちの会社は、これ以上、大して伸びないよ」

「難しいな、うちの会社にはそんな力はない」

本音の部分で打ち消す力が働いていれば、当然、日々の行動は「どうせムリ」に引っ張られ、ビジョンを実現しようというパワーが生まれてきません。

借りものだからこそ、文言が立派であればあるほど、それに拮抗する形で「本音」が

強く首をもたげてくるのです。

あくまで、**ビジョンは経営トップの、心の内から湧き出た「本音」で創らなくては、その本来の力は発揮できません。**

ビジョンを全員で唱和するという誤解

日本の多くの会社には、朝礼という良い習慣があります。朝一番でラジオ体操をしたり、ビジョンを全員で唱和したりします。

朝から体を動かすことによって脳が活性化し、全員で声を出すことによってチームとしての一体感が生まれてきます。

その日の活動の始まりとして、最高でしょう。

ところで、ビジョンを、この朝礼の場で全員が唱和することに、何か意味があるのでしょうか。

確かに、言葉が頭に刻み込まれていく効果が期待できます。そのうちに社員の多くが、何も見ずとも、ビジョンの一言半句までを、大声で言えるようになるかも知れません。

しかし、重要なことは、ビジョンの言葉を、社員が経文のように丸暗記することではありません。大切なのは、ビジョンを理解し、共感し、日々の行動に具体化していくことです。

まして一般の社員に丸暗記させるよりも、まずは社長以下、経営幹部がビジョンの理解を共有することが先決です。

そして、**営業戦略や製品開発、会社の諸規則、社員の働く環境などに落とし込んで、現状をいかに改善していくかを考えるべきです。**

毎日ビジョンを唱和する社員は、その後の社内での体験を注意深く見ているはずです。のちの体験が、ビジョンの立派な文言と一致したものであるなら、その唱和によってビジョンは、さらに社員の心の奥深くに浸透していくでしょう。

逆に、不一致な体験であれば、唱和すればするほど、社員はしらけて、心が離れていくに違いありません。

ビジョンを語れば社員はついてくるという誤解

私が、ジョンソン＆ジョンソンを退職したのち勤めた、外資系医療機器メーカーで、「これから100年成長し続ける会社をつくる」ためのプロジェクトに参加し、ビジョンづくり、組織づくりに励んでいたときの経験です。

各事業部から1名ずつ選抜されていたプロジェクトのメンバー6名の意識は高揚し、本社も含め日本全国の営業所を訪問して、熱心にビジョンの効用を語り、新たなビジョンのためのヒアリングを行っていました。

プロジェクトメンバーだけで密室で何か企んでいるというイメージを避け、社員全員を新たなビジョンに巻き込むための行動です。

ところが、一部の社員から出た声は、

「なんか、うちの会社、宗教にハマっているのかな」

「プロジェクトメンバーは、社員を洗脳しようとしているんじゃないか」

というもの。真剣にプロジェクトに取り組んでいた私たちは、それだけに、たとえ一部からの声であったとしても、心が折れそうになったのを覚えています。

このときの反省は、あまりに自分たちの心が高揚し、社員を巻き込むつもりが、そうではなく、自分たちの思いを一方的に押し付けていたのではないか、というものでした。自分中心に舞い上がっていたために、これから素晴らしい会社をつくっていこうとする気持ちとは逆に、一部の社員に対して、

「どんな組織になるんだろう」

「我々は新しい組織で、どんな仕事をさせられるのだろう」

という疑心暗鬼、不安を起こさせていたことに気づかなかったのです。

社員の賛同を得るために、リーダーがビジョンを語るのは必要なことです。しかし、熱心に語ることは、十分条件ではありません。**社員が「ついていきたい」と思わなくてはならないのです。**

「私には夢がある（I have a dream.）」の有名な演説で、キング牧師は20万人の心を動かしました。また、その就任演説を聴いたことで、米国の民衆はオバマ大統領に未来を託

すことに決心しました。これらは、その演説に聴衆の思いが重なったためです。

キング牧師の前に集まった聴衆は、平等な米国を求めていましたし、オバマ大統領の就任演説を聞いた米国民は、自信を無くした米国を再び自信にあふれた国に戻したいという思いがありました。そんな心に、演説の言葉が響いたのです。


他人のビジョンには、それがどんなに素晴らしい内容であっても、「いいね」で終わります。他人事と受け止めます。


ですから、リーダーはビジョンを語るとき、

「会社をこうしたい。自分はこんな夢を実現したい」

だけではなく、

「社員の皆さんの未来を、こう考えている」

ことを語る必要があります。

このとき初めて、**社員の多くはビジョンと自分の関係に気づきます。そして、社員が、社長の語る未来に自分を重ねたとき、ついていくのです。**

ビジョンで社員の方向性が一致するという誤解

言葉はときに、とても曖昧なことがあります。「方向性が一致する」という言葉も、その一つですね。この言葉はリーダーの好きな言葉の一つで、ときおり耳にします。

ある会社のリーダーは、

「うちの社員の方向性を合わせるのには、いつも苦労するよ」

と口癖のように言っておられました。あるとき、その方に、

「方向性が合うというのは、どういう状態ですか」

と投げかけてみました。即座に返事がありました。

「決めた目標に向かって、みんなが行動しているときかな」

このリーダーの場合、「方向性の一致」は行動が目標に向かっていることを指すようです。それを一致させたいのであれば、どんな行動が求められているかを、明確にしておく必要があるでしょう。

ほかのリーダーの「方向性の一致」とは、「新しいことへのチャレンジ」ということ

でした。チャレンジが進まない、チャレンジをしないということで、「みんなの方向が合わない」とぼやいていました。

この場合、社員の能力不足や不安感がチャレンジを妨《さまた》げているかもしれません。そこで、新しいことへのチャレンジのために、どんな新たな知識や技術が必要になるのかを明らかにし、それを習得させる必要が出てきます。

同時に、社員がどんな不安を抱えているかのヒアリングと、その解消をサポートすることがリーダーに求められてくるわけです。

ところで、リーダーの中には、会社がビジョンを掲げることで、社員の方向性は一致するはずだと考え、会社が良い方向に動き出すと信じている人がいます。そのために、ビジョン経営を導入したりします。

しかし、**「方向性」という言葉に惑わされてはなりません。ビジョンを共有しているから、即、方向性が一致しているなどと考えては危険なのです。**

方向性を見るためには、その人の行動を見なくてはなりません。ビジョンだけでは、行動は決まりませんから、リーダーはビジョンを基に、社員が行動できるような規範を設ける必要があるのです。

たとえば、いつ、どこで、何を、どのように行動するかをデザインすることが求められます。そうすることで、はじめて方向性の一致が図られるのです。

ビジョンは変えてはいけないという誤解

頭を絞ってつくった「ビジョン」。せっかくつくったビジョンですから、どんなことがあっても変えてはいけないように思いますが、絶対なものとか、永遠に続くものなどない、というのがこの社会の前提ですから、ここは柔軟に考えたほうがいいと思います。

ジョンソン&ジョンソンの『我が信条（Our Credo）』を起草した、ロバート・ウッド・ジョンソンも、これを発表した取締役会の席上、

「この文書の文言は時代の流れや会社発展に合わせて修正してよい。新しい経営概念を導入してよい」

と言いましたが、続けて、

「しかし、基本哲学・思想は不変のはずだ」

とも述べています。

経営陣総とっかえで、さらに商品・サービスの全然異なる、まったく新しい会社になるのならともかく、連綿と歴史の連なる会社ならば、ロバート・ウッド・ジョンソンの言うとおり、

「変えてもいいが、基本哲学は不変だ」

ということでしょう。

創業者から事業を受け継いだ2代目などが、創業のビジョンの会社に、新しい見方を加えることもあるのは当然です。

さらに、現代は社会の変わり方が激しいのに対して、企業がその変化に対応できず、寿命が短くなっています。

かつては企業30年説が有力でしたが、東京商工リサーチの調べでは、2014年で23・5年までに短縮しています。

20世紀に栄えた、儲かった企業、業種の多くは業績が下降線になっているわけですから、これからますますこれまでの、いわば創業したころのやり方では通用するはずがありません。

現代は、そういう時代になっています。

そうなったら、サービスや商品サイクルも含めて、わが社の行動を全面的に変更しようとか、ビジョンそのものを時代に合わせて、もう一度考え直そうではないか、ということもあり得ます。

きわめて高度な経営判断になりますが、**企業のビジョンも、創業者から受け継いだもの**と頑なに考えず、気分一新で未来を考えるためにも、「これからの20年ビジョン」という形で新たにつくり直してもいいと思います。**

ともあれ、何が何でもと、頑なに守ろうとするものではないことは確かでしょう。

第2章

「成功を思い描く経営」の効果は計り知れない

——ビジョン経営のメリット

ビジョンを経営にどう生かすか。
ビジョン経営のメリットは何か。
ビジョンで会社は繁栄するのか。

どのようにビジョンを経営に生かしていくかですが…

ビジョンは、これまで述べてきたように、会社のあるべき姿、いずれ実現したい姿という最重要な目的なのですが、ビジョンがあっただけでは、まさに絵に描いた餅にすぎません。

このビジョンを、どのように実現していくか、について「左回り図」を中心にお話ししましょう。

ビジョンに沿った活動

図の上部に「ビジョン」が掲げられています。もう少し抽象的で大きな概念として、理念や使命（ミッション）のある会社もあります。

ビジョンは理念。使命よりは具体的で、目に見える姿ですね。

[ビジョン経営を実現する左回りの流れ]

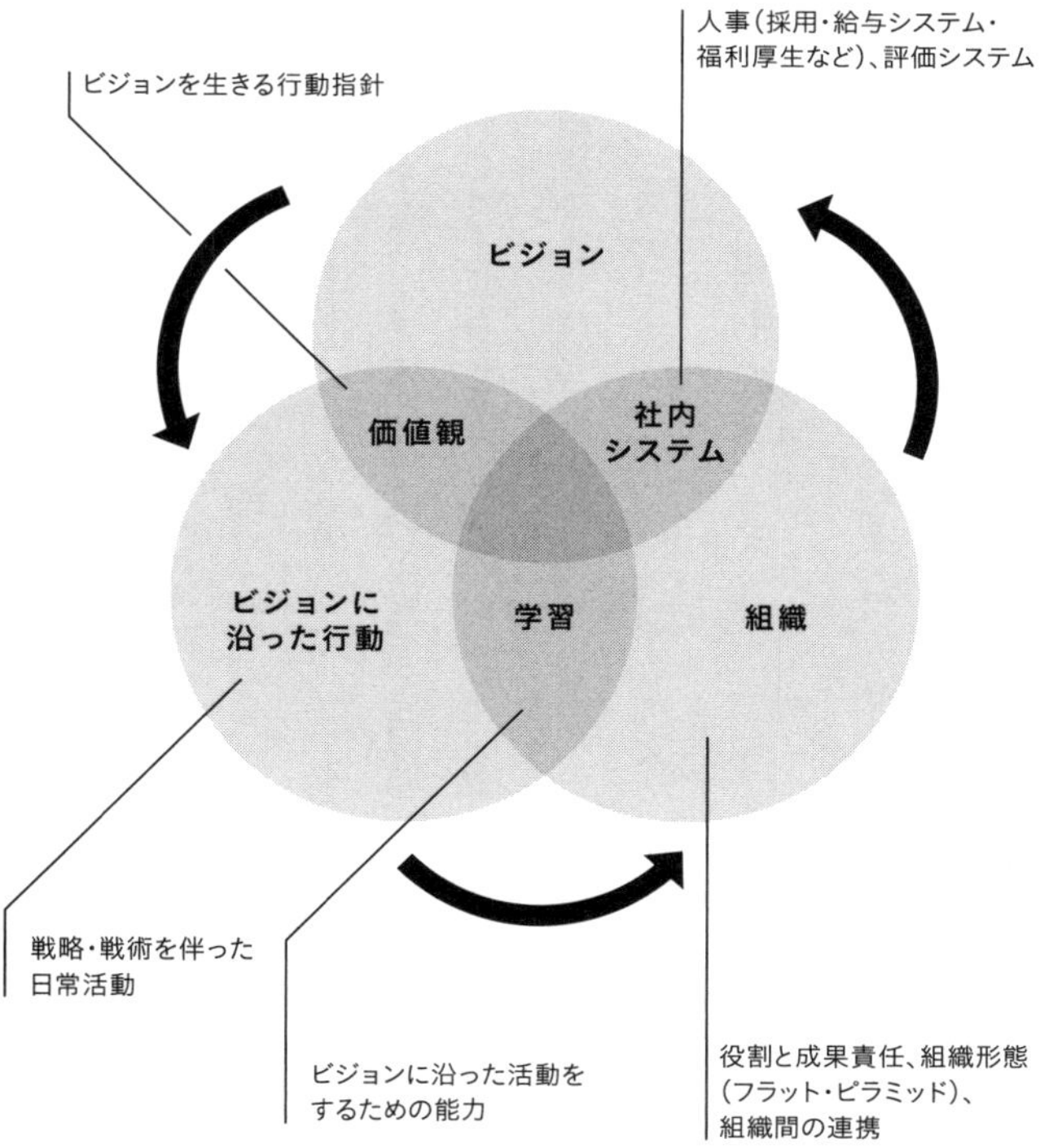

ビジョンの左側に、**「ビジョンに沿った活動」**という円があります。**ビジョンを基にして、さまざまな経営戦略や販売方針、開発方針ができますね。日常活動も、ここに入ってきます。**

ビジョンに沿った、その活動を推進するのが、部長や課長など現場リーダーの役割です。その際に重要になるのが、「ビジョン」と「活動」の円の重なり合う部分です。

ここには「価値観」とありますが、要はビジョンを生きる現場リーダーの行動指針（リーダーシップ）です。どのように行動するか、きちんと社長や役員など、経営トップおよび経営幹部は決めておく必要があります。

この重なる部分がたいへん重要なのですが、見落とされがちになるところです。

活動を生かすための「組織」

この「ビジョンに沿った活動」を円滑に進めるために、「組織」があります。

ここはよく理解してください。

組織が単独で存在しているわけではないのです。あくまで、「ビジョンに沿った活動」

を成功させるために「組織」があるのです。

活動が阻害されるような組織であったら、初めから出直して、つくり変えられなくてはなりません。それが組織というものなのです。

多くの日本の会社は、組織のための組織になっていますが、逆です。先に組織ありきではありません。

戦略などの活動を実践するための組織ですから、どんな「役割と成果責任」が必要なのか、また、その役割と成果責任をうまく機能させる組織形態はどんなものか、が問われます。

上下関係のないフラットな組織がいいのか、トップダウンのピラミッド型組織がいいのか、あるいはプロジェクト型組織、マトリックス型組織などのほうがいいのか。これは開発戦略、販売戦略などの経営戦略によって、いかようにも変えていきます。

現代はフラット型組織が流行っているからフラットにしましょう、という思考は、壁に掛けたままの飾り物のビジョンと同じですね。

ビジョンに沿った活動をうまく促進するための組織ですから、ピラミッドがいいとなれば、ピラミッドにする。フラットがいいならフラットにします。

組織形態を決める前に、必ず「役割と成果責任」がついてきます。マネージャーの役割と責任を考えたときに、本人が「多人数のチームは持てない」というなら「小さいチーム」をつくらなくてはいけません。

学習と社内システム

この組織がうまく活動を推進しているかどうか、常に「学習」＝ＰＤＣＡ（計画→実行→評価→改善→）が行われます。ＰＤＣＡはビジョン経営を継続させるために重要ですので、のちほど、くわしく触れたいと思います。

また、**この組織を「ビジョンに沿った活動」の実現に向けて円滑に進めるためには、人事システムや評価システム、給与システム、福利厚生などの社内システムが大切になります。**

これらも、当然、ビジョンに沿って考えられたものでなくてはなりません。

特に評価システムが、生きてきます。

何をどう評価するかは、リーダーの大切な仕事です。ビジョンに沿った活動、および役割と責任について、それをきちんと評価することです。

評価システムができていれば、部下をしっかり見ることができるわけです。

日本のマネージャー（管理職）の多くは、部下を評価するノウハウを持っていないし、だから部下にフィードバックもできていません。

利益至上主義的な会社がほとんどで、利益を上げた人を評価するという、最も簡単な評価方法にとどまっています。

また、採用がリーダーの仕事である点についても、述べておきたいと思います。

ビジョンを実現していく会社のスタートが、採用なのです。

というのは、どのような人を仕事の仲間とするのかということは、会社のビジョンに沿った一番のポイントになるからです。

しばしば、中小企業の人から聞こえてくるのは、「うちみたいな会社、たいした人間が入ってこないよ」というつぶやきです。

しかし、幹部がこういった言葉を出す時点で、「たいした人間」は入ってきません。うちには、いい人材がこないと口にする幹部は、幹部として失格であることを宣言しているようなもの。自己卑下したり、嘆いたりする前に、一人でもいいからビジョンに沿った人間を入れようと決めることです。

左回りが必須

この「ビジョン」「ビジョンに沿った活動」「組織」は、必ず、左回りによって進むことが必須です。

つまりここまで説明したように、

「ビジョン→ビジョンに沿った活動→組織」

という順序です。

グーグルもアップルも、現在のような会社になった大きな要因は、左回りを徹底して行ったからだと言えます。中途半端にやるのではなく、徹底してやったことで伸びていったのです。

何もグーグルの創始者であるラリー・ペイジが天才だったとか、アップルのスティーブ・ジョブズが天才だったとかいう話ではありません。

現代では天才はいない、と言う人もいるくらいで、**とにかくグーグルもアップルも、ビジョンからそれに沿った活動、その活動を支える組織、という図式を左回りに、愚直にやった結果の成功です。**

逆に右回りに進めると、まず組織ありきの硬直した会社になり、活動もビジョンから離れたものになってしまいます。

組織ばかり見ている企業は、モーレツに働くとか滅私奉公とか、ムダな努力を繰り返しています。だから、社員の睡眠時間も少ないし、生産性も低いのです。

ちょうど、この3つの円のうち「ビジョンの円」がない状態、つまりビジョンを持たない会社の経営がそれですね。

ビジョンがなければ、「活動」と「組織」があるだけです。

この場合の「組織」は、「活動」を成功させるためのものではなく、上下関係を示すためにあります。力関係からいって、当然、活動より上位に位置します。

したがって会社は、常に組織本位であって「組織→活動」に一方通行です。これでは思考が固くなってしまって変化が生まれません。イノベーションなんて望むべくもない。そういう会社になってしまいます。

こうしたことから、「ビジョンが重要ですよ」ということと同じくらいの比重で、私は、67ページの図のように、左回りに回す仕組みが必須であることを、いちばん強調しておきたいですね。

左回りで行う「ビジョン経営」のメリットは何ですか?

左回りで行う「ビジョン経営」のメリットって、たくさんありますよ。

ビジョンを掲げて、本書で進めるような方法で「ビジョンに沿った活動」をして、その活動を円滑に進められる「組織」にしていけば、必ず会社は変わります。良い方向に変わります。

ここでは、ビジョン経営によるメリットを5つにまとめてみました。

1. 社員の主体性が高まる

主体性のない人間なんていないと、私は考えています。もともと誰にも主体性はあるのです。ところが、君はこれだけやっていればいいよ、みたいな扱いをしているから、主体性が育たないし、高まらないだけです。

ビジョン経営では、ビジョンが日常の社員の活動に落とし込まれて、その役割も成果責任も明確に設定されます。その活動を生かすための組織もつくられます。

そうするなかで、昨日、入社した社員も、何年も仕事を経験している社員も、自分が何をしなければならないか、をしっかりと理解していきます。行動の目的が明確になるわけです。

目的が明確になると、その目的を達成するための手段は何かを考えます。そこに選択肢の幅が広がります。**いくつかある選択肢のなかで、自分は何を選ぶのか、主体的に考えることになります。**

選ぶことが主体性なのです。

その人のいちばんやりやすい手段を選んで、目的に向かっていけばいいのです。これが繰り返されるなかで、社員の主体性はより高まっていくのです。

簡単な、わかりやすい例を、一つ出しましょう。

ある会社の設備メンテナンス部門のマネージャーは、若手の育成に悩んでいました。どうも言われたことしかやらない。主体的に何かを考えて、自ら行動することがない、と言うのです。

そこで私は、彼の部下の一人と現場に同行し、どんな仕事のやり方をしているのかを見ることにしました。現場は、客先の設備です。

彼の部下はまだ30歳そこそこの若さですが、すでにメンテナンス部門で7年も携わっている中堅社員です。

現場では、設備点検を規定に則って行い、さまざまな状況に対応して、初めは私から見てごく普通に行動しているように思えました。

点検の規定には、データの基準値というものが決まっています。

彼は基準値内の点検データが収まっていれば終了とし、基準値外のデータが出れば、修理や設備の調整を行うのが仕事です。

ときには、基準値のデータが思うように出ないときもあります。そんなときには上司に電話をかけ、アドバイスをもらいながら調整を行っていました。


ところで、この会社のビジョンは「お客様と共に未来を拓く」というものです。このビジョンを念頭に、彼の現場作業に同行し、行動をウォッチしていくと、やがて一つの問題点を発見しました。

それは、基準値内にデータが収まっていれば「良し」とする、彼の姿勢にありました。

確かに機械の点検ですから、データの不具合はしょっちゅう起きるわけではありません。

トラブルも頻繁に起きるわけでもなく、どうしても彼らの行動は、言われたことをやればいい、とマンネリ化していきます。

ここを解決するべきだと私は考えました。

そこで私はリーダーおよびマネージャーと、マンネリを打破し、主体的に考えるために、どのようにしたらよいかを話し合いました。

それは、ビジョンとの関連で考えることで、彼らの仕事の目的をもう一度考え直し、深く掘り下げることにつながりました。

私は、現場に同行した彼に、仕事の目的を尋ねました。

すると、点検作業の彼は、基準値を正確に測ることだと答えました。しかし、それは目的ではなく「手段」です。それを指摘すると、今度は、設備にトラブルが起こさせないこと、と答えました。

これも、目的からしたら「手段」の一つではないかと、私は言いました。

では何が目的かと言えば、会社のビジョンである「お客様の未来を拓く」ことです。その目的を実現するための点検作業です。

こう考えると日常の業務でも、単に基準値内にデータを収めることだけに焦点を当てているわけにはいきません。

では、どうしたらよいのか。

こうして、**「さらに良くするには」という合言葉が生まれたのです。**お客様の未来を拓くために、日々の業務を「さらに良くするには」何をすべきか、現場で一人ひとりが主体的に考えることを決めたのです。

これによって、彼らの仕事は大きく変化しました。

仮にデータが良くても「モーター音がいつもと違う」「いつもと違うにおいがする」など、データに現れない異状に気づくことがあります。これまではそんな場合でも、特に原因を追究することはありませんでした。

むろん、こうした異状は、後にトラブルにつながるケースもあるのですが、データが基準値内なら、それらは視野から外し、放置していました。気づいた段階で対応していれば、トラブルを未然に防ぐことができたのに、です。

しかし、基準値内にデータが収まっても、「さらにその設備をよくするには、何ができるか」を徹底させることで、社員の視野が大きく広がりました。現場で社員たちは、主体的にそれを常に考え、自ら行動するようになりました。

トラブルを未然に防ぐことはもちろん、新たな設備の提案なども増え、社員の能力向上に伴って、業績も上がっていったのです。

何気ない日常の業務でも、それがビジョンの実現とどのように関わるかを、リーダーは社員に伝えていくことが必要であり、それを理解することによって、社員の行動の主体性は高まっていきます。

2. マネージャー（管理職）が自分の仕事に専念できる

ビジョンは、リーダーやマネージャーの視野をも広げてくれます。

前項の設備メンテナンス会社のリーダーやマネージャーも、当初は、社員に点検時データを基準値内に収めることのみを求めていたのです。それなのに、社員は主体性がない、言われたことしかやらない、と不満を持っていたのです。

でも、ビジョンと仕事の関わりを自覚したことによって、議論の視点が変わりました。自分と部下の、真の目的に気づいたのです。目的は目先の仕事にあるのではなく、ビジョンの実現にあるのだ、と。

そうして「さらに良くするには」の合言葉につながるのです。これによって、社員の主体性が高まり、それだけでなく、リーダーやマネージャーのやるべき仕事にも気づきが起きたのです。

リーダーが最優先にするべき仕事は、会社をビジョンの実現に導くことです。それには部下であるマネージャー(管理職)を含めた社員の日々の行動を、ビジョンに沿った行動に導く以外にありません。

マネージャー(管理職)の大きな仕事の一つに、若手社員の育成があります。

しかし、ビジョンがない、あっても壁の飾り物にしている会社では、この大きな役割に気づきません。

だから、たとえリーダーが、

「管理職は若手育成のために、積極的に若手に仕事を任せるように」
と指示しても、いっこうに進みません。今の地位に上るまでに、それなりの成果を上げてきたマネージャーは、どうしても細かい指示を若手に与え続けます。仕事を任せず、自分のやり方を押しつけようとします。

リーダーが、

「もっと若手に仕事を任せろ。そうしないと育たないよ」
と言っても、
「今はまだ無理です。このまま任せたら、業績が落ちますよ」
と言い返したりします。そうすると、リーダーもそれ以上は強く言えない。

実は、リーダーもマネージャーと同じ狭い視点にいるのです。

つまり、彼らが見ているのは、今、目の前にある仕事の成果であったり、短期的な仕事の成果です。

頭では、長期的な視点で若手を育てなければならないとわかっていても、本音は目の前の業績です。

この視点を変えない限り、事態は変わりません。若手は育たず、自分の仕事と管理に追われるマネージャーも疲弊するばかりです。

これを解決するには、リーダー自身がビジョンを見つめなおし、自分が部下に求めなくてはならないことを自覚しなくてはならないのです。

ビジョンに基づけば、左回りのやり方で、目的も方向も共有されます。共有されれば、マネージャーはいちいち細かい指示を出す必要がなくなります。

社員も、目的、方向が明確ですから、「さらに良くするには」の合言葉の下で、自ら考える設備メンテナンスの社員同様、主体的に行動するようになります。

最良のケースでは、マネージャーは報告を受けるだけで仕事が進み、管理から解放されます。自分の仕事に全力で取り組むこともできますし、残った時間で報告を聞いたり、若手が解決できない課題を一緒に考えたりする時間が持てるようになるのです。

マネージャーも若手社員も自ら主体的に仕事に取り組む中での議論や報告、相談になりますから、当然、社内の風通しが良くなり、良いコミュニケーションが図られますね。

3. 失敗を恐れなくなり、自然にチャレンジに向かう

何かをやれば、うまくいくこともあり、うまくいかないこともあります。どちらが多いかと言えば、うまくいかないほうが多いかもしれません。さて、うまくいかないとき、これを「失敗」ととらえるべきなのかどうか、です。

失敗という言葉を聞いたとき、エジソンの名言を思い浮かべた人もいたかもしれませんね。エジソンはこう言っています。

「私は失敗したことがない。ただ、一万通りのうまくいかない方法を見つけただけである。」

エジソンのすばらしさは、何ごともうまくいかなかったときに、失敗と思わなかった、気持ちの持ち方にあると思います。

もしうまくいかなかったときに、「失敗した」と断定すると、どうなるか。

私たちは自分の過去の経験から、失敗した事実を取り出して、そのときの自分が傷ついたことを思い出し、

「失敗すると自分が傷つく」

つまり「失敗＝傷つく」という形で過去がよみがえるのです。

その結果、失敗を恐れ、チャレンジすることを避けるようになります。**頭では「失敗を恐れずにチャレンジすることが重要だ」とわかっていても、無意識の中に「失敗＝傷つく」がインプットされているため、失敗を恐れるようになるのです。**

ではどうしたらよいのか。

失敗というものにとらわれている「過去」ではなく、「未来の成功」から、今を見るようにトレーニングするのです。

つまり、ビジョンです。ビジョンは未来の成功した姿です。

そんなビジョンから今の状態を見れば、できていないことばかりです。しかし、それは成功に向かう「過程」の中での未完成であり、どんなにうまくいかない実践であっても、決して「失敗」ではありません。

ちょうど、子供のときに自転車に乗ろうとして、悪戦苦闘していたときと同じです。

そのときに、たとえ転んで足を擦りむいたとしても、それは成功に向かう過程の一つのアクシデントであり、「失敗した」とは思わなかったでしょう。

ビジョン経営では、左回りで、ビジョンに沿った活動を根気強く続けていくなかで、PDCAの学習を繰り返し行っていきます。

チャレンジも、当然、続きますし、うまくいかない場合も多いでしょうが、すべてはそのあとの活動に生きる「学習」なのです。

自転車にチャレンジする子供と同じように、そこには「失敗」という言葉はどこにも見つかりません。

何かを成し遂げた人、失敗を恐れずチャレンジを続ける人、そういう方々は、決して特別な人ではありません。過去に引きずられて今を生きるのではなく、ビジョンを基に未来を見据えて今を生きているだけです。

リーダーは、すべてが学習であり、試行であるという言葉を社員の心に刻むために、ビジョンを描き、左回りに実践していくことが必要です。

そうなれば、日々、部下たちに「失敗を恐れずチャレンジしよう」などと言う必要はなくなります。自然に社内にはチャレンジが起きているはずです。

4. イノベーションが生まれやすくなる

今、経済環境の変化が加速している時代だからこそ、イノベーション（革新）が大切になっています。

人がびっくりするような開発もイノベーションですし、販売のやり方や仕事の効率を上げていく日々の改善もイノベーションです。時流に乗って成長している会社も、時代の変化は速いため、次を見据えてイノベーションしていかなければ、いつ取り残されてしまうかわかりません。

イノベーションは、業界や企業規模の大小を問わず、活動や組織のすべてで必要です。

しかし、イノベーションをただ唱えていても、起こすことはできません。

リーダー自らが、それを引き起こす「場」づくりをしなくてはならないのです。

なぜ「場」づくりが大切なのか。それはイノベーションを起こすのが人だからです。「朱に交われば、朱くなる」と言いますが、どんな人でも周囲の人や環境に影響され、良くも悪くもなります。

人は93％の情報を非言語でとっていると言われます。大脳だけでなく、感情が重要な役割を持ちます。表情、身振り手振りなどで情報を受け止め、吸収するのです。ときには皮膚からも情報を取り入れているのが人間なのです。

人のエネルギーも非言語で受け取ります。まわりに影響力のある、元気な人がいれば、少し気の弱い人でもだんだん元気になるほどです。

人の感情を動かす、そしてモチベーションを上げていくために、環境、場が重要なのです。

みんなが仲間の力を伸ばしあう「場」をどうやってつくるか、リーダーは頭を絞らなくてはなりません。

ある会社では、営業成績を示すグラフを、小さな紙に書くのではなく、わざと大きな模造紙に書き、壁に貼っていきます。壁を這った紙の列は、数が少なくても上に伸びていき、やがて天井に達し、さらに天井を這っていくようにしています。そうしたことをみんなで楽しみ、力を伸ばしあう「場」をつくっているのです。

この「場」づくりを、ビジョンのもとに行うのです。

イノベーションを起こすことは、ビジョン経営の大いなる目的の一つです。これが、最も自然で、速く、労力のかからない方法です。

5. 開発する商品・サービスの選択肢が広がる

市場・お客様が何を求めているかを知ることが、現在ほど重要な時代は過去になかったと思います。

どのようにして、何をベースにしてこれを探っていくか。

というときに、これまでのような社内の変化、ビジョンを掲げ、左回りで「活動」と「組織」を展開してきた結果の変化、すなわち、

自然と社員の主体性が高まり、
リーダーもマネージャーも目先にとらわれず本来の役割を果たし、
上司と部下の風通しが良くなって、
チャレンジを恐れない文化が醸成され、
イノベーションが生まれる「場」ができている。

こんな会社が商品やサービスを考えると、これまでの既成概念の枠を超えて発想することは間違いありません。選択肢が広がるのは、当然の結果と言えるでしょう。

これまでの商品やサービスが行きづまっていると考えるのであれば、創業以来の会社本来の強みに加味して、ビジョンの下にすべてを見直していく。一見、たいへん迂遠な方法のように見えますが、これが実はいちばん早く、確実な方法だと言えましょう。

第3章

過去の成功を断ち切り、どう未来を創造するか

ビジョンを創る

ビジョンをどう創るか。
うまく行く会社と行かない会社は何が違うか。
リーダーの本音を、どうあぶりだすか。

ビジョンを創るのは、右脳ですか？　左脳ですか？

人間は、一人の例外もなく「ビジョン」を求めて生きている、と私は考えています。人間の本能の中に、ビジョンを求める志向があるのです。

脳医学者の林成之先生（日大教授）は、人間には3つの本能があると言っています。**「生きたい」「知りたい」「仲間になりたい」**という本能です。この3つの本能が世の中の仕組みをつくり上げたというのです。

「生きたい」には、食欲や性欲が入ります。これを体現したものが家庭や家族です。「知りたい」は、学びへの欲求です。これを具現化したものが学校や教育です。そして「仲間になりたい」で、これは会社や社会という形になっています。

このうち、知りたいという学びへの欲求と、仲間をほしがる欲求は、人間しか持っていません。

人間は、仲間と一つの共同体をつくるために、同じ目的、ビジョンを持つ。そして、そのビジョンのもとで、自分が生きると同時に仲間に貢献するために、学び、成長する。

このような形で、生存することができたのです。

この本能によって、生物としてはたいへん弱い存在でありながら、世界を制することができたと言ってもよいでしょう。

すべての人が、本来、持っているものですから、その気になってビジョンを求めれば、必ずビジョンは内から湧き上がってきます。

ただ、ほとんどの人が普段は考えもせず、心のずっと奥底にしまい込んでしまっていて、いつの間にかその存在を忘れ去っています。

しかし、本能にその志向が存在する人間という生物である以上、そんな日常の状況下であっても、必要性を感じているのです。

ビジョンの必要性を意識した人は、それを創造しようとします。

このとき、意識の高い人であればあるほど、今の自分や会社の状況、マーケットの環境などを分析し、そして未来を予測しながら未来への夢や価値観を意識し、言葉を選んで創っていきます。

そうして、出来上がると、「これこそが、目指すビジョンだ」と思い、心が高揚することでしょう。ついに、求めていたビジョンが目の前に言葉として姿を現したのですから当然です。

……でも、時が経つにつれ、依然、あれほど興奮し、喜んだはずのビジョンから心が離れ、無関心になってしまいます。

なぜか。それは、**頭でこねまわして、左脳で創られたビジョンは、社会的常識や人間として、あるいは企業として、こうあるべきであるという思考からつくられているためです。**心が揺すぶられ、そこに向かわざるを得ない気持ちにさせる、生きたビジョンになっていないからです。

私は、生きたビジョンを創ることは、脳を最高度に活性化させていくプロセスだと思います。そのためには、何よりも、現状と過去のしがらみから、思考を解放させることです。

現状や過去のしがらみから、なぜ思考を解放させるのですか？

人間は目先のことに反応し、とらわれがちです。

今日やらなくてはいけない交渉もありますし、部下のミスの尻ぬぐいもある。今月の売上の数字も出さなくてはならない。と、あたふたしている毎日を送っていると、本来見なくてはいけないところを見なくなってしまいます。

その現在は、過去のつながりとしての現在です。だから、過去のさまざまなことに左右されています。思考も行動も、過去が重なり合って、積もり積もったうえでの現在の思考、行動です。

要は、**好むと好まざるとにかかわらず、私たちは「過去に引きずられて生きているわけです。」**

過去に左右される生き方をしている、と言ってもいいほどでしょう。

ビジョンを考えるときも、過去に引きずられながら、「こうなったらいいな」という現状解決型のイメージを膨らませてしまいます。

しかし、それはどう頑張っても現状解決型のイメージであり、ビジョンであり、狭い現状から一歩も出ていません。当然、現状を変えるようなパワーを持つビジョンからは、ほど遠いものになるしかありません。

経営者が10人いたら、9人までは現状解決型のビジョンになってしまいがちですが、**優れた経営者は、過去にとらわれた、過去からの発想による、現状解決型のビジョンは考えません。**

私たちは、一度、現在の思考、行動を制限し、しばりを入れている「過去」というものを手放して、本来の自分がどういう存在であったかを知ったうえで、ビジョンと向き合う必要があります。

現在の自分をしばっている過去には何があるのか、それを探求すると、自分の思考や行動を制限しているものがわかってきます。

そしてそれが取れる、あるいはそれを手放すと、ふっと、

「本当はこんなことをしたかったんだ」

という未来のビジョンが現れてきます。

たとえば、有名なスターバックスは、実はコーヒーを売っている会社ではない、というのですね。コーヒーは一つのツールです。

ではどういう会社なのかと言えば、誰もが自分の居場所と感じられるような、そういう寛《くつろ》いだ空間を提供している会社です。そこに一つの大切なツール、商材として、おいしいコーヒーがあるということです。

これがビジョンからおろしてきた、会社の一つの姿ですね。

未来志向型と言ってもいい。**自分が達成したい会社の姿＝ビジョンから現状を見たときに、何が足りないのか、あるいはどうあるべきなのかを考え、対応策を見つけて具現化していくわけです。**

決して現状の問題点から発想するのではなく、「未来のありたい姿」から見て、今の

足りないところを解決していくというスタンスで、ここが現状解決型の発想とは決定的に違うのです。現在から一度離れないと、こういう発想は生まれてきません。現在から離れてビジョンを探すのです。

さて、どうやって離れるかです。

未来の、自分のありたい姿から考えるのですか？

現在を離れるには、いくつかの方法があります。

一つは、今の自分とは違う「高み」から、自分を、会社を見る。そして、この会社に足りないものは何だろう、会社はどういう姿になるべきだろう、と考える方法です。

たとえば、歴史上の偉人になり切ります。あるいは、自分がとても尊敬している人物になり切ります。

心理学ではモデリングという言い方をしますね。素晴らしい結果を残している人の行動や考え方をまねて、むしろ彼になり切って、彼と同じような結果を得ることができる心理学のテクニックなのですが、かつての人気野球漫画『巨人の星』の星飛雄馬と同じです。

飛雄馬の高校時代、父親の星一徹が野球部の監督をしていたのですが、やめた後を引き継いだ監督は「星一徹だったらどうするか」という視点に立ち、飛雄馬を指導します。あれと同じです。**自分がではなく、あの人だったら、どうするか、という視点に立つのです。**

それによって、自分から完全に離れることができるわけです。

坂本龍馬を尊敬しているなら、龍馬になり切って、考えてみます。写真に残っているあの独特の姿になってもいいし、時間とお金があるなら実際に土佐の海岸に立って、海を見ながら自分の会社を見つめてもいい。

なぜ自分から離れることができるかと言えば、ここで考えることは「他人事」だからです。

「自分事」ですと、どうしても現状にとらわれてしまいます。なかなか現状から離れることができない。しかし、他人のことなら、だれだって客観的にものが言えます。

自分であっても、いったんこの会社を辞めたことを想定して、客観的に眺めることができるならば、それでも良いのですが、他人のほうがやりやすいですね。

他人事として、この会社はこうした未来を目指すべきだ、その姿になるには、ここが間違っている、ここが足りない、と指摘できるはずです。

一人でもできますが、私たちはワークショップで、しばしばこのワークを行います。ビジョンを考えるケースだけでなく、いろいろな問題解決にも用いる手法です。

ただし、ディスカッションになってはいけないですね。

ディスカッションになってしまうと、そこにいるみんなが現状から脱することができない状態で意見を出してしまいがちです。

もしグループでディスカッションするなら、それぞれがあらかじめモデリングして理想的なビジョンを創っておいてやるしかありません。それも、きちんとした人にファシリテーター（進行役）をしてもらって、

「いや、今の考えでは、現状から抜けていませんよ」

というような、客観的な意見を言ってもらうことです。

大事なことは、ここは、決して問題解決をする場ではないということです。

グループで行うなら、ブレーンストーミングの一つの方法という見方もできます。ポイントは、一切の制限をかけないことです。制限をかけずに、理想的な姿はどうだろうと、意見を出し合います。

一人でやってもグループで出し合っても、すごくスケールが大きくなる場合もあります。それはまったく、かまいません。

スケールの大きなビジョンが出てきても、それを出している本人はもともとそのビジョンの種を持っているから出てくるわけです。まずは、制限なしに、全部出してしまうということです。

そうして出てきたことを、言葉として表現します。

言葉にする際のヒントとして、「わが社の顧客は誰？」「顧客に提供するのは何？」「それを可能にしているわが社の特徴は？」という3段論法がありますが、これはあくまでヒントで、こだわることはありません。

素直に言葉として出せるなら、こんなことは必要がありません。

スケールが大きすぎると「どうせムリ」と笑われそうですが…

実際にあったケースですが、

「グーグルを超える会社になる」

というビジョンを出してきた社長がいます。

通信やITなどとはまったく関係のない分野の業種なのですが、本人は真剣です。社員にも、

「うちはグーグルを超えるんだ」

と、このビジョンを出してきたのです。

グーグルを超える会社という表現そのものは、まったく問題がありません。

ただ、グーグルのどこを超えていきますか、もう少し具体的にしていきましょう、という話をしました。

グーグルを超えると言うと、誰もが、意識が売上に行ったり、あるいはネット事業をするのかといった方向に向かってしまいます。そうでなければ、何を馬鹿なという笑い話になってしまいます。

そこで、どこを超えますか、具体的なところを社員に落とし込んでいきましょう、と考えてもらって、出てきたのが、

「みんなが楽しめる会社、仕事を楽しくやれる会社というところでグーグルを超えよう」

グーグルよりも楽しい会社にしよう、ということです。

これはビジョンとして「あり」です。

会社の進む方向として、悪くありません。

そこで、さらに「楽しいという内容を、もう少し具体的にして行きましょう」と、提案しました。どういうところで楽しくできるか、楽しくするために何を変えていくか、ということです。

すると、この会社では、まずオフィススペースを変えていこうというところからスタートしました。グーグルのようなオープンスペースにしていこう、と。

このように、ほかから見たら突飛なビジョンでいいのです。どんなにスケールが大きくても、それを本人が心の底から痛切にビジョンにしたいと望み、具体的にどんな姿で現実化していくかを考えられるなら、オーケーなのです。

スケールが大きすぎて、現在の社長の代では実現できないかもしれないという場合でも、2代目、3代目に続くかもしれないけど、そこに近づく一歩を踏み出そう、それがビジョンだということですね。

どんなにスケールが大きいビジョンでも、人間は不思議なもので、未来に実現できると思えば、脳は実現できているというように発想して、現実に向けてそれを照射して、今、足りないものは何？　となります。

逆に、「できるはずないよ」と否定すれば、できない理由をどんどん探して、どうせムリ、となります。

どうせ、と言っている限りは絶対にできないけど、やれるとなれば、一歩踏み出せることはたくさんあるはずです。グーグルを超えようとした会社のように、みんなの会話が弾むようなオフィススペースをつくることは、今、できるよね、と言ってスタートできるのです。

オフィススペースを変えたところで、どうせ、みんな仲良くなれないよ、そこにお金をかけるんなら、みんなに配ってお酒を飲もうよ、というようなことを考えたら、未来に進みません。

頭が働かないときのいい対処法はありませんか？

対処法はありますよ。なかなかビジョンが出ないというときには、次のような簡単な対策を講じて環境を変えましょう。

1……体を動かす。瞑想する
2……場所を変えて、刺激を受ける
3……チャンクアップを行う

体を動かすというのは、心拍数を上げるということです。
たとえば、ジョギング、サイクリング、室内での自転車こぎでもオーケーです。
心拍数を上げると、脳への血流量が増え、セロトニンやドーパミンという神経伝達物質の分泌が増えます。

そのために良い精神状態になって、脳の神経細胞の成長が促されるということになるのです。特に、心拍数を上げることで、記憶をつかさどる海馬の神経細胞が増えることがわかっています。

脳の神経細胞（ニューロン）の数は、生まれたときに決まっていて、加齢とともに減少していき、増えることはないといわれていたのですが、実際は心拍数を上げることで増えていくことがわかったのです。

海馬は短期記憶の中枢になるし、ストレスを抑える中枢にもなります。**運動をすると間もなく脳の血流量が増え、このときが飛躍的に思考力、集中力が高まります。**

日本でも、小学校で、1時間目の授業が終わって、すぐに30分くらい体育館で運動をする学校が現れています。そうすると、心拍数が上がって、授業がより効果的になるというのです。

瞑想するというのは、運動とは逆ですが、頭を休めることで別の脳が働きだすのです。

専門的には、デフォルト・モード・ネットワーク（DMN）と言いますが、脳がデフォルト（何も設定されていない状態）でありながら、実は働いているといわれています。

詳しいメカニズムはまだわかっていませんが、どうやら内省や記憶の整理に関係しているらしいのです。

また、**瞑想はいわゆる自律神経系を活性化し、免疫機能を上げたり、集中力を向上させたり、さらに脳神経の結びつきを再構成するなど、さまざまな効果があります。**人間の心を強くするのですね。

グーグルなども、能力開発に瞑想を取り入れています。

ただし、この後説明する内観と瞑想は、内容が異なります。

場所を変えて刺激を受けるというのは、ジョギングをするのと同じです。ずっと同じ場所で考えていると、頭が固まってしまうので、ちょっと空気を入れ替えるようなことです。

こうしたちょっとしたことで、頭はリフレッシュします。

グーグルなどではオフィスの中にそういうリフレッシュのための空間を設けていたり、歩きながら会議をしたり、山の中での合宿などもしたりします。

山の中や林の中など自然の中では、人の耳には聞こえない高い領域の音、20キロヘルツを超える高周波の音が出ています。これがたいへん脳に良い。ハイパーソニック・サウンドといって、小鳥のさえずりなどは、気持ちが落ち着いたり、新しいアイデアを出したりするのにいいのです。

自然の中には、ハイパーソニック・サウンドが多いのですね。森の木の葉のすれる、さーっというかすかな音も同じです。ですから、森の中でミーティングしたり、考えたりということが最近は普通に行われています。

逆に都会では低周波数の音が多い。

車の音やエアコンの室外機の音。ああいう音は実は睡眠障害の原因になったりして、脳にはよくないといわれています。

室内で小川のせせらぎとか波打ち際のCDを聴くのもいいのですが、注意しなくてはならないのは、CDによっては高周波の音をカットしている場合があることです。

オーケストラの演奏などでも、そういうケースがあります。オーケストラの演奏は生で聞くべし、という人もいるくらいです。

しかし、高周波をカットしていない音楽は、何度聴いても飽きませんし、脳にも良いのです。

高周波は耳で聞いているだけでなく、皮膚でも聴いています。

行きづまることがあったら自然に帰りましょう、とよく言いますね。

今はビジネスの世界でも、実際にそれをしている会社が増えてきています。

さて、歴史上の人物にもうまくなりきれないし、どうしても現実からも離れられない、ビジョンがまったく出て来ないという場合、**チャンクアップ**を試してみてください。

これは、現実から離れるのではなく、逆にもっと現実に肉薄していきましょう、という方法です。

いわば左脳でもって、自分の現実に切り込んでいくものです。

チャンクというのは、コンピュータ用語で「情報の塊」を指します。私たちは1冊の本を見たときのように、どうしても情報を塊でとらえてしまいがちです。

つまり、1冊の本を一つの情報だと考えてしまいます。でも、実際の本の内容を考えると、実はいくつもの情報が集合したものですね。

人間の心の中にも、いくつもの情報の塊があります。

チャンクアップは、本の中身を分析するように、心の中の「自分が気になる問題」をつまみ出して、その問題が解決したら、何が得られるのか、と突き詰めていきます。

具体的に言うと、売上が下がっている、という摘出の仕方はだめです。売上が下がっている要因があるはずです。

たとえば、市場が縮小している、お客様が離れている、とそういう絞り込みで現状の問題を10個くらい出してもらい、それが解決したら何が得られますか、と問うのです。

市場が縮小しているのが解決したら、すなわち市場が回復したら、どうなりますか。社員の給料が上がります、という答えを出す人もいますね。

そうしたら、社員の給料が上がればどうなりますかと、それをどんどん続けていきます。

あるいは、「社員は道具だ」と考えていることが気がかりな社長が、「社員を財産だと思えるようになったら、どうなるか」を考えます。すると、「社員からの評価が気にならなくなった」という答えになります。

こうして、自分が今、表面的に「これが自分の、あるいは会社の問題だ」と考えていることが、実は解決されたらこうなる。さらに、この問題が解決されたらこうなると、進めていくのです。

自分の、あるいは自社の「成功体験」を積み上げていくようなものですね。

「解決したら?」の答え=成功体験は、付箋などに書いて、矢印で結び付けていくと、視覚的にもよくわかります。

成功体験を積んだ「自分」や「自分の会社」が、だんだんと理想に近づいていきます。自分が望んでいるもの、つくりたい会社像が、見えてきます。

社長ならば、売上第一ではない、利益第一ではないんだ、みんなの笑顔が見たいんだということが見えてきたり、この会社は地域社会に貢献するためにあるんだ、というこ

[チャンクアップでビジョンを創る場合の例]

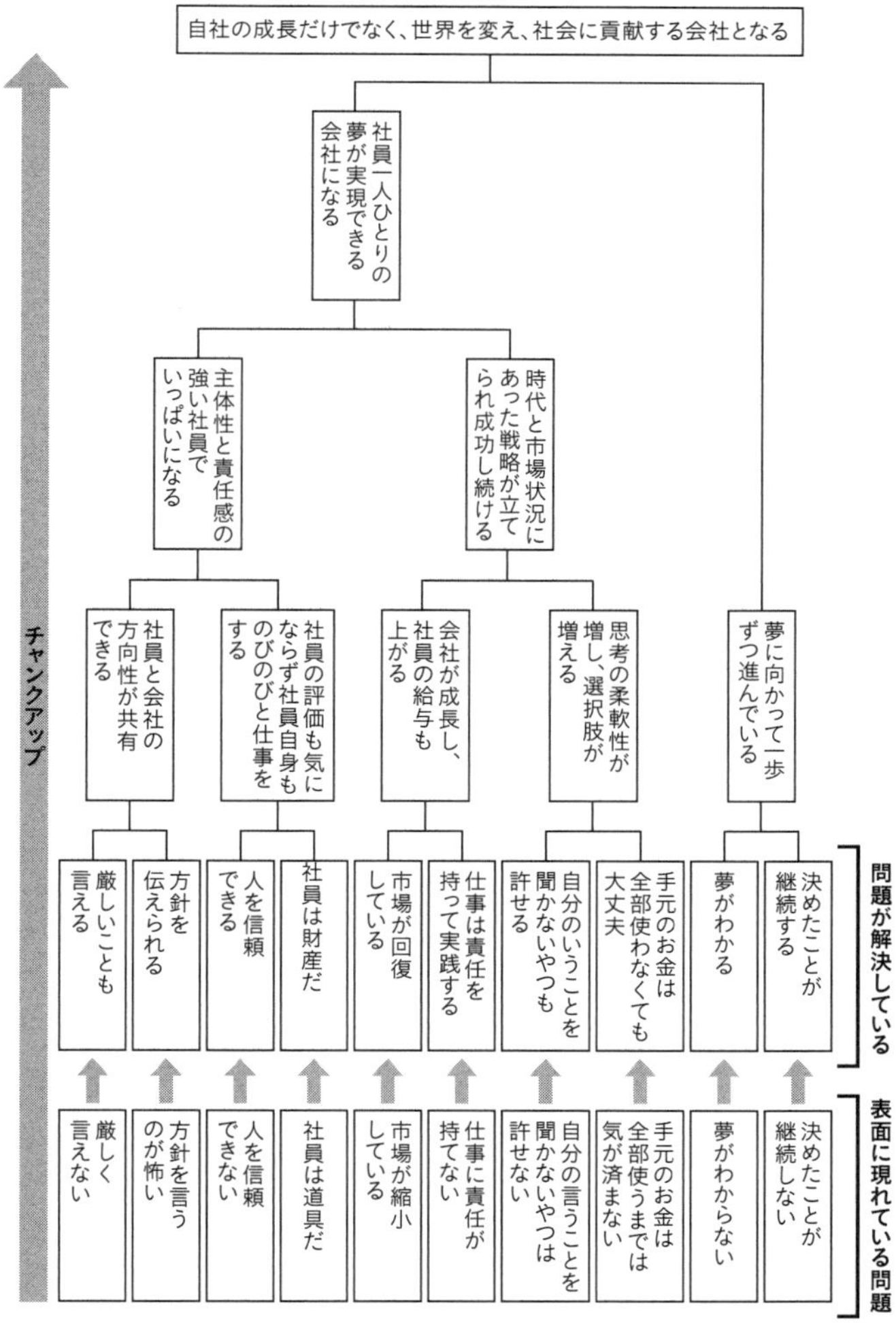

とが見えてきたりします。

その出てきた結果に、社長本人がびっくりすることもあります。

たとえば、

「世の中を変える会社をつくる」

ということが、最終的に出てきた人に対しては、これをキーワードにして、

「世の中を変えるとは、どんなことですか」

と、具体的に深く掘っていきます。

そうすれば、自分が本当につくりたい会社のビジョンが、見えてくるのです。

このチャンクアップは、ハーバード流交渉術、ウインウインの交渉術などにも使われています。意見の合わない者同士を、合意に導くための代替案を出す方法です。

ビジョンづくりの最強の方法は「内観」だと言われていますね？

さまざまな方法で、ビジョンを創ろうとしていくのですが、内観もその一つです。内観には2つの方法があって**「伝統的な研修所などで行う内観」**と**「システム思考の方法を応用した内観」**とがあります。

後者を私たちは屋久島で合宿して行っていますが、今、目の前で起きているいろいろな出来事の背景には、いったい何があるか、を探求していくものです。

探求していくと、自分が心に抱えている「制限」、根源的な「制限」が見えてきます。それが取れると、ふっと「実はこんなことをやってみたかったんだ」というビジョンが見えてくるのですね。

制限というのは、本来見なくてはいけないものを見えなくさせている、つまりブロックさせているものです。これが取れないと、本当に見たい未来の姿が見えてきません。

いわゆるＵ理論での「過去を手放すとビジョンが見えてくる」ということです。

過去をどう手放すかという方法で今の２つの内観があるのです。

ここで、過去を手放すＵ理論というものをご紹介します。

Ｕ理論は、ＭＩＴ（マサチューセッツ工科大学）上席講師のオットー・シャーマーが提唱する変革理論です。彼は著書『出現する未来から導く』（英治出版）で、「既存の学習方法の大半は、過去からの学びに依存しているが、組織での本当のリーダーシップの挑戦の大半は、まったく別の何かを必要としている。それは出現する未来の可能性につながり、そこから学ぶために過去を手放すことだ」

と述べています。

さらに続けて、これからの変革を推進するリーダーに対して、非常に大切なことを語っています。

「変革者としての我々の行動が成功するか否かは、何をするか、どのようにするかではなく、どのような内面の場から行動するかにかかっている」

行動の成否は、「何を」「どのように」ではなく、「どのような内面の場から」がカギだというのです。ここでいう「内面の場」とは、思考や感情、そしてそれらの源となる価値観、信念のことを言っています。

ややこしいことを言っているようですが、もう少しお付き合いください。

「何を、どのようにするか」は、目に見えることですから、観察もできるし評価もできます。したがって、これまでの組織開発やリーダーシップ開発は、この目に見える部分を分析してきました。

人のモチベーションを高めるために、リーダーが「どのような」言動を取るのか、戦略遂行のために、リーダーは「どのように」先頭を歩むか……など、今に至るまで、リーダーの言動についての研究や記述はたくさん見られます。

でも、これらの言動の質に影響を与える「源」についての言及は、あまり多くないように思われるのです。

一方で、オットー・シャーマーと同じMIT上席講師のピーター・センゲは、『学習する組織』（英治出版）を著し、組織で重要なものを5つ挙げています。「自己マスタリー」「メンタルモデル」「共有ビジョン」「チーム学習」「システムシンキング」の5つですが、**リーダー一人が成長してもダメであって、同じ組織にいる仲間がそれぞれ成長していくことが、強い組織をつくっていくためにたいへん重要である**と言っているのです。

しかしピーター・センゲは、この学習する組織のシステムを使っても、成功する組織もあれば、何ら変化を起こせない組織のあることを認めています。

また、経営コンサルタントのカレン・フェランも、『申し訳ない、御社をつぶしたのは私です。』（大和書房）で、コンサルタント会社の提案するモデルを安易に導入する危険性を指摘しています。

これはゆゆしい話ですが、私たちのまわりでも、しばしば見られます。

うまく行く会社と行かない会社の差はどこにあるのですか？

ちょっと、周囲を見回してみましょう。

他社でうまく行っているので自社でも取り入れたのだが、ちっとも成果が出ないという例や、コンサルタントの言う通りに仕組みを入れたり、その通りに行動しているのに、うまく行くどころか逆に悪くなっている例など、見たり聞いたりしませんか。

これらは、なぜ起こるのでしょうか。

また、どんな意味があるのでしょうか。

U理論によれば、こうした事例は、導入の仕方、やり方の問題よりも、それらを行うリーダーの「内面の場」、つまり「信念」が過去のパターンを引きずっているからだ、ということになります。

したがって、これからの破壊的な変化の時代を乗り超えていくには、過去を手放し、出現する未来から導かれる「内面の場」「信念」が必要になるというのです。

つまり、ビジョンです。ビジョンのない会社は、どんないい仕組みを導入しても、うまく行きませんというのが、オットー・シャーマーやピーター・センゲの言いたいことなのですね。

また、カレン・フェランは、ビジョンという形では語っていませんが、人の感情を無視したらダメですと言っています。**感情は「内面の場」と解釈してもよいでしょう。この感情が動くために、人はビジョンが必要なのです。**

つまり、必要なのはビジョンである、そのビジョンを持つためには、過去を手放さなくてはならない、とU理論でオットー・シャーマーは言うのです。

ただし、過去を手放すために、どうしたらよいのかについては、U理論は一切語っていません。過去を手放した人のいろいろな例が、たくさん出ているだけです。

そこで、オットー・シャーマーがつくった図にしたがって、どのような順序で過去を手放すかを私なりに解釈してみましょう。

まず、過去から引きずっている、気になることの列挙（ダウンローディング）から始めます。

気になることを列挙するわけですから、なかには、できれば思い出したくないこと、目をそむけたくなる内容もきっとあるはずです。しかし、決して目をそむけずに、真摯に向き合っていきます**（保留する）**。

また、気になることの列挙では、「少し感情的になってしまったときにだけ起きる」などの条件付けや、「周囲の状況が悪く、正しい判断ができなかった」などの言い訳もしません。こうした言い訳や条件付けは、過去を引きずっていることの証拠かも知れないのです。

次に、これらの気になることの「始まり」を探索していきます**（観察する）**。

これらの気になることは、いったい、どんな体験から生じているのか。そのときに得た、自分自身の「思い」や「信念」は、どのようなものだったのか。

この深い内省の旅は、ときには私たちに大きな感動を呼び起こさせてくれます**（感じ取る）**。

最後に行きついた場所には、これまで引きずってきた「制限」の根源が待っています。これに気づいたとき、私たちは感謝し、未来に向かって、この過去を手放すことができるのです**（手放す）**。

この一連のプロセスは、いったんは自己の一番深いところまで見つめ、再び浮上するイメージで、しかもアルファベットの「U」に似ているのでU理論と呼ばれるのですが、当初はUの字の底に落ちていくような、得も言われぬ憂鬱さを感じるに違いありません。

しかし、**過去を手放した瞬間に、Uの底で一筋の光に気づくことができます。過去に生きることをやめ、未来に生きることを決意するのです。**

要は、過去をどう見るかですね。

過去のいろいろな出来事、それによってつくられた私たちの信念や思い込み、あるいはトラウマやコンプレックス、そうしたものが性格にも影響しますし、ビジネスのパフォーマンスにも影響を及ぼします。ビジョンを見つけるときに、決定的に邪魔になる

[U理論とは?]

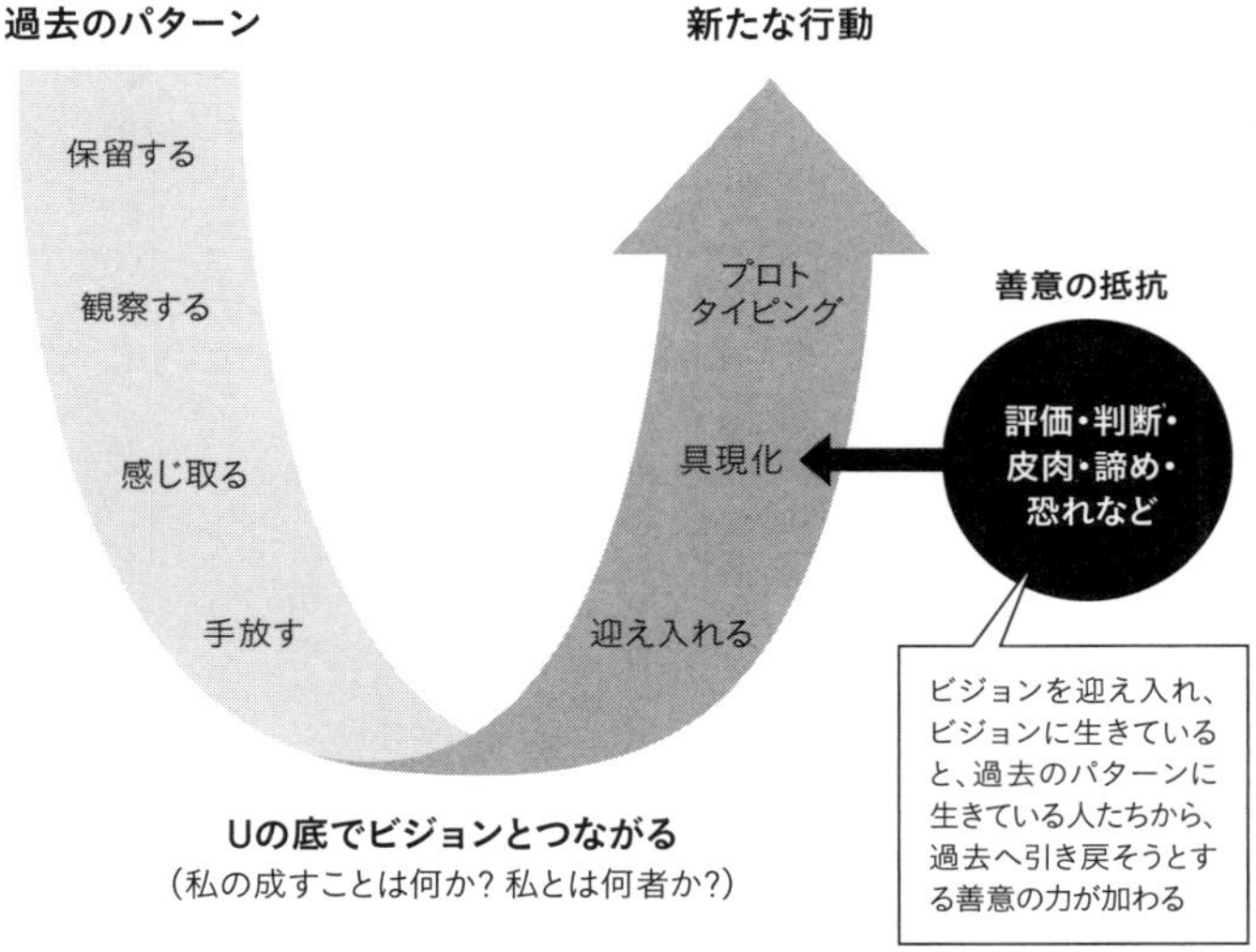

過去のパターンを保留し、観察する。そして感じ取ることで
不要な過去のパターンを手放すことができる。
すると、新たなビジョンが見えてくる。
そのプロセスは気が重く、憂鬱な気持になる。
そして、気持ちが落ちた底でビジョンと出会う。

ビジョンと出会い、それを迎え入れ、具現化し、
プロトタイプを試しながら、ビジョンをさらに具現化していく。
このプロセスは、いったん沈んだ気持ちが、今度は高まっていく。

ものです。

それを、保留して観察していくと、そのときの出来事の本質が見えてきます。そうすれば、手放すことも可能になる、ということです。

ただ、U理論では、具体的に、どう行うかが示されていません。

U理論が広がらない理由は、ここにあると私は勝手に解釈しています。

しかし、内容を分析して考えると、U理論は「内観」に非常によく似ているのですね。

U理論と内観のどこが似ているのですか？

内観には2つあると申し上げましたが、初めに伝統的な内観について、ご紹介します。

私は、ある研修所で経験したのですが、日程は1週間ほどで、研修所についてすぐに始まりました。このとき、携帯電話や貴重品は預けることになります。当然ながら外部との接触は、一切が禁じられます。

和室の隅に、つい立てを立て、畳半畳ほどのスペースで行います。

考えることは「(だれかに)して戴いたこと」「して差し上げたこと」「ご迷惑をかけたこと」この3つです。母親に、生後3か月、1年、2年単位で、以上の3つについて、それぞれを思い出し、母親が終われば父親、兄弟、さらに妻や子供、友人と広げて思い出していくのです。

およそ1時間半から2時間くらいの間隔で、研修所の人が来ますので、節目ごとに、考えたことを話します。

話すと、「では次は、これこれの期間について考えてください」と言われます。大体、1日に8~10回くらい、話を聞きに来ます。

起床は朝5時、夜9時に就寝で、寝るときには自分で布団を敷きます。

食事は衝立の中で、朝昼晩、一人で取ります。

ですから、お風呂とトイレ以外は、つい立ての中で、ずっと考えているのです。

外の人とは一切、会いません。

はじめは、なかなか思い出せませんでした。

でも、そういう狭い場所で一人で座って、一所懸命に思い出そうとしていると、少しずつでも、心の奥から出てくるものがあります。

生まれたときから振り返っていきますので、過去のいやな記憶がよみがえってくることも、当然あります。

でも、単純にいやな記憶だなと思っていたのに、ある瞬間に、あんなことを父親は、あるいは母親は言っていたけど、それは決して感情から出た言葉ではなかった、自分のために言ってくれたんだなと、わかる瞬間があるのです。

そうしたことを繰り返していくのが内観なのですが、これを行うと、思い込みなどの、自分を制限していたものが取れていくのです。

一つひとつ、思い込みを外していきますと、ふっとした瞬間に、自分というものが見えてきます。

自分のやりたかったことが、見えてくるのです。

自分は、これがしたかったんだとか、子どものときにやりたかったのは、これだったんだとか、わかってきます。あるいは、何のためにこの仕事をしたかったんだろうかということが、見えてきたりします。

これが、ビジョンにつながるのですね。

自分を誕生から振り返ることによって、真摯に自分に向き合い、いわば借り物の人生から自分の人生を取り戻すわけです。

まさしく、人から言われてつくってきた人生ではなく、自分の人生に気づいていく。そのなかで、自分が真に目指すべきもの、ビジョンはこれだと目が開かれていくのです。

内観で得ることは、何でしょうか？

もう一つは、今現在、現れている問題から、その問題を引き起こしている根本の要因を探求していく「システム思考による内観」です。

まず、今、表面に見えている、気になっていることや問題だと意識していることを出していきます。

じっくりと、自分に問いかけて出していきます。12個は出したいところですが、すぐに、ぽんぽんと出てくるわけではありません。

はじめは比較的スムーズに出てくるのですが、気になっていることというのは、逆に出しにくいので、行きづまる人も多いのです。

多くの人は、無意識で隠してしまいます。本当の自分を知られたくない、知りたくないと思うのです。それで自分にうそをついてしまう。先ほどの一人でやる内観も、一人でやりながら自分にうそをついてしまうほどです。

それで、真摯に自分と向き合うまでに、かなり時間がかかります。

さて、そうして出てきた言葉は、書き留めておきます。

書き出しが終えたら、これとこれは、おそらく根っこが同じだな、同じグループだな、

[内観の相関図]

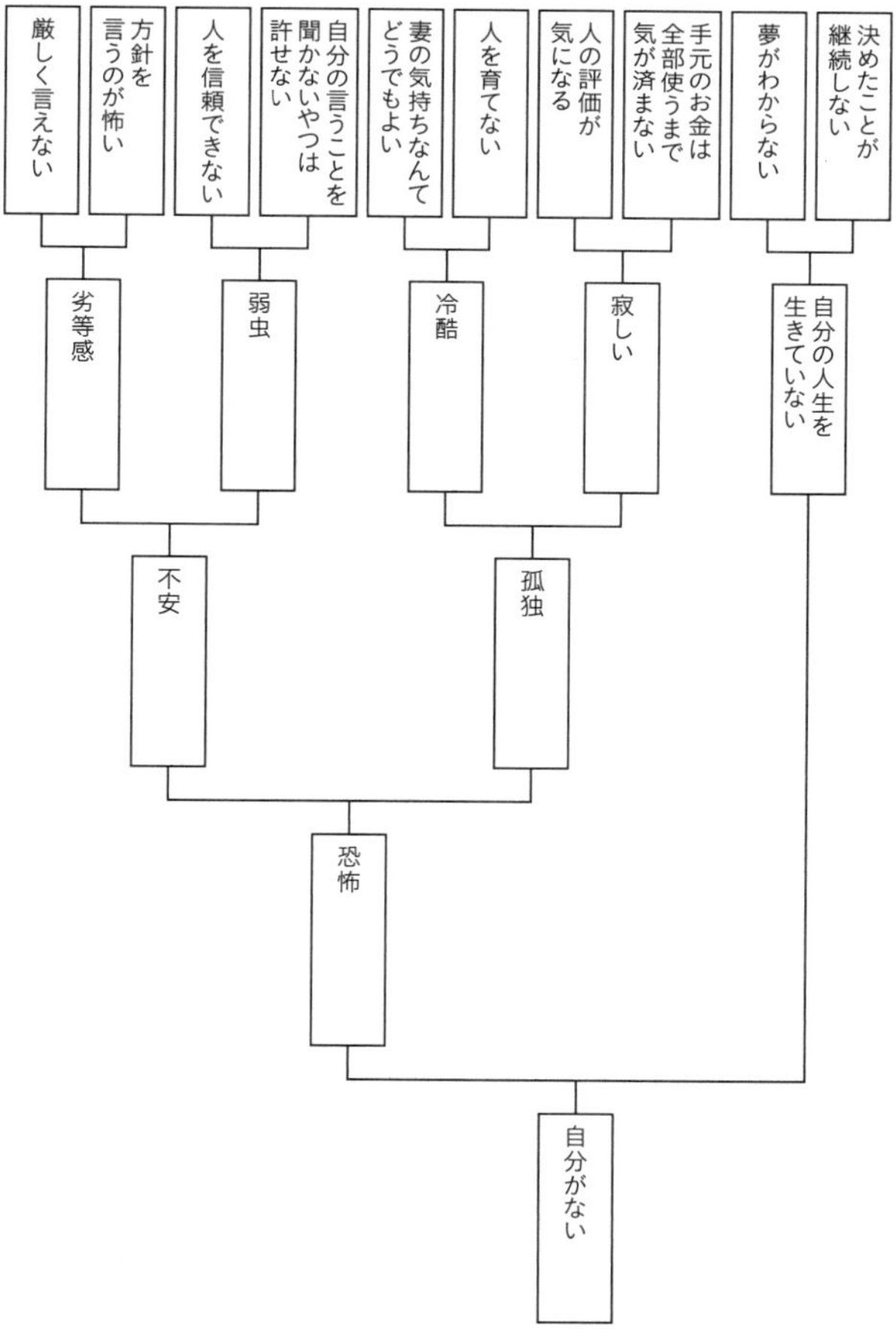
厳しく言えない
方針を言うのが怖い
人を信頼できない
自分の言うことを聞かないやつは許せない
妻の気持ちなんてどうでもよい
人を育てない
人の評価が気になる
手元のお金は全部使うまで気が済まない
夢がわからない
決めたことが継続しない
劣等感
弱虫
冷酷
寂しい
自分の人生を生きていない
不安
孤独
恐怖
自分がない

と思える２つの課題を選び、２つ並べてその根っこを探求します。１２９ページの図で言えば、「厳しく言えない」「方針を言うのが怖い」の２つですね。

その根元にあるのは何か、それは劣等感ではないか、となります。劣等感があるので人に厳しく言えなかったり、今後の方針を言うのが怖くなるのです。

それが見つかったら、また次の２つを選びます。

「人を信頼できない」「自分の言うことを聞かないやつは許せない」の２つが、根元が同じで、それは「弱虫」という言葉でまとめられる感情になってきます。

同様に、「妻の気持ちなんてどうでもよい」「人を育てない」は「冷酷」にまとめられます。こうして相関図をつくっていきます。

「劣等感」と「弱虫」の根元は同じだろう、それは「不安」から出ているだろう、この「不安」と「孤独」が一緒になるだろう、これは「恐怖」からきているだろう。

この「恐怖」と「自分の人生を生きていない」から最終的に「自分がない」が出てきたということです。

ここまで、決して焦らず、自分の心を探求していくことになるのですが、「自分がない」に行きついたということです。

「自分がない」ために、「いろいろな恐怖心」も感じるし、「不安」にもなる、それが表面に出ると、「人にちゃんとものが言えない」とか「人を育てない」につながってきます。ここで、本人は合点がいくのですね。

この「自分がない」ということが、自分の奥深いところに存在するプログラムであり、これがさまざまな問題を引き起こしている。

そして「自分がない」ことのイメージを絵にして表現します。見える化して、U理論の言うところの過去を手放す前に「観察」するわけです。この人は「輪郭がぼやけて、雲の中のような暗いところにいる」イメージを絵で表現していました。

こうして、自分自身に気づいていき、客観的に見ていくことで、この奥深くにある自分のプログラムを今後も抱えていくこともできるし、反対に今すぐ手放すこともできる。手放すことをサポートするために、心理学を下敷きにしたセッションを行います。

タイムラインという言い方をしますが、今の例で言えば、「自分がない」というのは、

過去のいつごろ、どんな体験によって、そのように感じるようになったのか、を過去にさかのぼっていきます。

この場合、おそらく幼いころに、ずっと「ああしろ、こうしろ」と言われて、自分を押し殺して育った体験。そういうものがあるのかもしれません。

そこを客観的に振り返って、思い出す。そうして、**小さいころはそうだったかもしれないけれど、今は大丈夫だよ、とリフレーミング（据え直し）して、ものの見方を変えていくわけです。**そうして、自由を取り戻した後は、晴れやかな気持ちです。イメージも明るいものになります。

このように、自分の根っこにある「制限」を見つけ、気づいていくと、ビジョンが見つけやすくなります。本来の自分が、本当に目指しているものは、何か。どこに自分は向かうべきか。それがわかってきます。

この内観では、本当の自分に出会って、泣き出す人も出てきます。非常に感動的な場面に出会うことが、しばしばあります。いかに私たちは、過去の体験によってつくられた「制限」で、目が曇らされているかに気づくからでしょう。

私たちの研修は、縄文杉で有名な鹿児島県の屋久島で行います。この自然の中で行う理由は、ビジョンを創るのに最適の環境だからです。

ビジョンを創るのは、脳を最大限に活性化させるプロセスといっていいのですが、自然の中に身を置くと、脳全体が活性化させられます。

森の中の木の葉が擦れ合う音、清流や滝の音などには、前に述べましたが、ハイパーソニック・サウンド（高周波音）が満ちており、これが基幹脳（視床下部、中脳など生命の基幹となる脳）を活発にさせるのです。

さらに、呼吸や身体反応に意識を向けることで、感情の中枢である脳幹や大脳辺縁系、大脳皮質も活発になっていきます。

そうした環境の中で、本当の自分を感じ取ることができたリーダーの一人は、感動的な面持ちで次のように語りました。

「…ずっと一人で孤独なまま、さらに孤独になるのを恐れ、弱い自分を隠して大きく見せてきました。

必死に必死に、人に認められようと、本当に必死に頑張ってきた。何かに急き立てられ、不安を抱えながら、急いでいた。

そんな過去を手放したとき、しっかりと大地に立つ自分を感じることができました。自分が今、何をしたいのか、はっきりと見えます。人のため、チームのために行動することに、心から喜んでいる自分が、今ここにいます…」

このリーダーが言うように、内観は自分の弱さに向き合う体験でもあるのです。人間は弱さを隠すために、ふだん、人の前では逆に強く見せたりします。

必要以上に強く見せたりしますから、実はその人をある意味で強くしてきたエネルギーでもあるのですね。**弱さを隠すために、強くならなくてはならないという、自分をつくってきたエネルギーでもあるのですが、永続性がない。どこかで無理をしている。**

そういう弱さを隠す必要はない、ということを内観で知るのです。**隠すのでなく、弱いという自分を認めればいいのです。**

そうすることによって、視野が広がり、自分のビジョンが見つけやすくなるのです。

本来の自分が目指すものが、ビジョンということですね？

ビジョンを見つけやすくした状態で、これを言語化していきます。言葉にするコツは、前にちょっと触れましたが、

1……わが社の顧客はだれか
2……顧客に提供するものは何か
3……それを可能にしているわが社の特徴は何か

この3つを、わが身に問うことです。特に重要な質問は、3番目です。1と2は、3の質問を考えるための意識の集中です。顧客というのは、いちばん入りやすい質問です。これが明確でなくてはビジネスは成り立ちません。

その顧客に何を提供できるか。これは製品ではありません。提供できる「価値」です。たとえばアップルならば、「iPhone」ではなくて、「驚き」とか「生活スタイル」とか、そういう価値を提供しているわけです。

製品の本質的な価値は何かを考えていく、気づいていくということです。

3番目は、「わが社」の存在意義を考えるためにありますが、**提供している「価値」が何であるかに気づくと、その価値を提供しているわが社には、どんな意義があるのかということが、見えやすくなります。**こうして、ビジョンをあぶりだしていきます。

おもしろいのは、製品も違い、企業規模も違い、社長のキャラも違うにもかかわらず、言葉にしたときには、似てくることです。人々の生活の質を変えるとか、人々を幸せにする、健康に貢献する、などで、私たち人間が求めているものは、チャンクのレベルを極度に上げていくと、似たものになるということかもしれません。

しかし、ビジョンには、企業やリーダーの目指すべき未来が込められていますから、そこに属する人たちの自尊感情を刺激します。

一つの言葉ではありますが、ただの言葉ではない。リーダーが腹の底まで突き詰めた結果、絞りだしたものです。

ちなみに、グーグルの例は前にお見せしましたが、世界的な企業の経営ビジョンを、いくつかご紹介しましょう。

「つぶやき」を投稿できるSNSサービスの「Twitter」は、

「すべての人が、障壁なく、瞬時にアイデアや情報を作成、共有できるようにする」

190か国の現地の人の家が借りられるサービスを展開する「Airbnb」は、

「Airbnbは、世界中のユニークで感動的なスペースを提供するホストとほんものの経験を探す旅行者をつなぐ」

ウェブでの通販サイトのパイオニア「Amazon.com」は、

「地球上で最も顧客思いの企業となる」

世界最大のコンピュータ・ソフトの会社「Microsoft」は、
「世界中のすべての人々とビジネスの持つ可能性を最大限に引き出すための支援をすること」

スカッとさわやかの「Coca-Cola」は、
「世界中にさわやかさをお届けすること
前向きでハッピーな気持ちを味わえるひと時をもたらすこと
価値を生み出し、前向きな変化をもたらすこと」

サードプレイスのビジネスコンセプトで有名な「Starbucks Coffee」は、
「人々の心を豊かで活力あるものにするために――ひとりのお客様、一杯のコーヒー、そしてひとつのコミュニティから」

知り合いが交流を深めるSNSサービスの「Facebook」は、

「共有を広げ、世界をもっとオープンにし、人々のつながりを深める」


身近な日本企業もご紹介。ファスナーの「YKK」は、

「『善の循環』他人の利益を図らずして自らの繁栄はない」

コンビニの「サークルKサンクス」は、

「いちばんの満足をあなたに。いつも期待以上の満足がある。いちばんの元気を、いちばんのきれいを、いちばんの便利を、いちばんのおいしさを。地域一人ひとりのお客様にとって、いちばんの満足を提供できるお店になれるよう、取り組んでまいります」

第4章

リーダーが変われば業績は必ず上がる

――ビジョンを生かす

ある外資系企業のチャレンジ。
ビジョンを生かすと業績はどう変わるか。
抵抗勢力や無関心派を、どう扱うか。

ビジョン経営が生きた、具体例を教えてください

ビジョンによって、会社が変わる例をたくさん見てきています。まず初めにビジョンを探す、創る過程でリーダー（社長）が変わります。

自分の目指す会社の姿は、こういうものだった、と心から思い、それを実現しようとした瞬間に、リーダーは変わるのですね。

リーダーが変わらなくては、何も始まりません。ここからがスタートです。

では、ビジョンをどう実現するのか。

会社のルール、社員の待遇をどう変えて、どのように会社に根付かせていくのか。

リーダーは、目指す会社の姿への道筋をつけていきます。

経営幹部にも、このビジョンが受け入れられ、ビジョンに沿った活動が展開され、組

織に反映されていくと、社員の日常にもビジョンが浸透されていきます。こうして、67ページの「左回り」の活動が継続していくことによって、会社全体が着実に変わります。

会社全体が変わる過程で、数字（業績）にも変化が現れます。

私が最近かかわったある商社の例でいうと、ビジョンがなかった状態では、年間の売上高の推移で毎年1億円増がせいぜいだったのですが、**ビジョン経営で会社が変わってから、この3年ほど、年商が毎年3億円レベルで増加しています（37億円→42億円→45億円→48億円）**。

もちろんこれまで何度も念を押してきたように、売上高が増えるというのは、ビジョン経営を続けていく過程での副産物です。決して、売上を上げるためのビジョン経営ではないことを、もう一度、強調したいと思います。

良い例が登場しましたので、この商社ではどのように変化したのかを見ながら、会社にビジョンを生かすことがいかに重要かを考えていきましょう。

かつて、この会社のいちばんの問題は、社員の離職率が高いことでした。社員は30名ほどですが、新入社員が入っても、1年、2年で、どんどん辞めていく。これがリーダーの最も頭の痛いことだったのです。

社長は40代。2代目です。とはいっても、社長になってから一度倒産しかけたこともあり、ほぼ創業といっていいかと思います。

つぶれかけた会社を必死に盛り上げてきた人です。たいへんまじめな人柄で、何ごとにも一所懸命になる人。いわゆる、熱い人といっていいでしょう。

毎朝5時に起きて、社員全員にボイスメールを送って、出社します。人に任せずに、自分が先頭に立って、社員を引っ張っていこうとしていました。

それだけ真剣に経営をしているのに、社員が辞めてしまう。

私が初めて会ったときには、ほとんど眠れていない毎日で、彼がヘトヘト状態であるのが、よくわかりました。

聞いてみると、奥さんとも子供とも、うまくいっていない。モーレツ・ビジネスマンにありがちな、まっしぐらに進んでいくのだけれど、それだけにまわりが不満だらけという状態です。

取材をしてわかったのは、何ごとにも一所懸命ですから、社員にも仕事を任せず、真剣にかかわっていくのです。どうも、それが押し付けになっていることがわからない。そこに社員の不満が出る。なかには、辞めようとする社員も現れます。

ある社員が辞めそうになると、やめてもらいたくない一心で、個別にその社員の要望を聴いたりするのです。待遇などでできることだったら、それを聞き入れて引き留めようとするわけですが、そうしたことがほかの社員の耳に入ってしまうこともあります。自分も「辞める」といえば、待遇を変えてくれるんだろうか、という話になってしまいます。どうも悪循環になる。

仕事でも、営業の成績が悪い社員には、個別に指導する。一所懸命に、何とか数字を伸ばしてほしいと、指導します。それが押し付けに映るから、その社員も辞めたいということを言うようになってしまう。

結局、**社員の目に映る社長のイメージは、「何を考えているかわからない」ということです。一貫性がない。**

自分たち社員のことを考えているようなポーズはするけれど、社員の話を聞いているようで、実は聞いていない。**社長の本心は、結局、売上しか考えていないのではないか、という不満です。**

私はまず社長自身、「一貫性を持つ」ことが必要であることを伝えました。社内で起きているいろいろな問題は、一貫性のないことから起こっている、と。

一人の社員を辞めさせないために打った手が、別のところで社員の不満や不信感を生んでいる。すべては一貫性のなさゆえです。

一貫性を保てるようになれば、自分の苦しみも悩みもなくなります、と訴えましたが、初めは何を言っても、まったく耳に入りませんでした。本人としては、何が悪いのか、さっぱりわからなかったのですね。

で、一貫性を持つために、ビジョンが必要である、ということをようやくわかってもらい、セミナーに参加していただいて、内観を行ったのです。

そうして、それまで持っていた「制限」、すなわちこうしなくてはいけない、こうす

べきだ、といった思い込みを取り払っていく中で、

「自分が本当にやりたいのは、これなんだ」

というビジョンが出てきたのです。それは、

「社員みんなの笑顔で、社会に貢献できる会社にしたい」

という言葉になりました。

リーダーが変われば会社はどうなるか、ですね？

さて、ここからが本当のスタートであることは先に述べた通りです。

これをベースに、どのように社員に接するか、という話し合いを進めていきました。

社長は、自分の心の中の「制限」が取れたために、何がこれまでのような事態を引き

起こしたのか、次第に良く認識できるようになっていました。

「今まで、自分の思いだけでやってきた。社員のことなんて、本当は考えもしなかった、話もまともに聞かなかった」

という反省の言葉が先に出ましたので、

「それなら、社員の話を聞くところからスタートしましょう」

ということになりました。


そうした気持ちで社員にヒアリングすると、これまでとはまったく違います。

心の「制限」が取れてのヒアリングですから、

「社員はこんなことを考えていたのか」

ということが、どんどん感じられるのです。

「社員みんなの笑顔で、社会に貢献できる会社にしたい」

このビジョンが、もし借り物なら、こうした気づきはありません。

借り物ではない、内観によって、あぶりだされてきた結果の、内心の本音ですから、きちんと伝わってくるのです。

「社員は本当はこう思っていたんだ、実はつらかったんだ」

と理解でき、

「もっと自分のやりたいように、仕事をしたいんだ」

ということがわかってきました。


ここまでくれば、社員がやりたいことで、不具合が特段、生ずる危険性がないのであれば、「やらせればいい」ということになります。これによって主体性が育ちます。

リーダーの彼には、年齢も近いナンバー2の経営幹部がいるのですが、こうしたことを話し合い、しっかりとコミュニケーションを取りました。リーダーとサブリーダーが、ビジョンをベースにして、こういう会社にしていこうという一致点を見出していたことが、大きいと思います。

社員への対応も、2人が「思い」を共有する、というプロセスをきちんと踏んでいました。

この一致があって、会社は大きく変わり始めました。「ビジョン」「ビジョンを基にした行動」「ビジョンを実現するための組織」が、うまく左回りに回り始めたのです。

たとえば、従来事業部制で縦割りの組織だったために、それぞれがバラバラに動いていました。同じお客様のところに別々に伺ったりして効率が良くなかった。情報交換もできていませんでした。

ところが、「社員の笑顔」とか「社会に貢献」というキーワードがビジョンとして出てきたときに、社員から、

「お客様のニーズを聞こう」

という声が上がったのです。

これまでは売り込みだけだったのですが、重要なのはお客様のニーズだ、それに沿って仕事をすれば、自分たちも楽しくなる。そういうことで、ニーズを聴くことが始まったのですが、そのヒアリング情報を、すべての事業部で交換し始めたのです。これまでまったくなかった情報交換です。

また、社員の評価は大事なことなのですが、これを普段からきちんと面談してフィードバックもしていく。これによって、会社としての一貫性も出てきました。

今、この会社はとてものびのびしています。

ちょっと前に触れたと思いますけど、成約件数のグラフを大きな紙に書いて、壁に張っているのですが、あるとき、訪問したら、グーンと上に伸びていって、紙が天井を這っているのです。

「どうしたんですか、これ」

と社長に尋ねると、

「いや、みんな面白そうだからと、やっているんですよ」

とのこと。

いろいろなことを社員の主体性に任せるようになったのですね。

かつては離職率50％などと嘆いたものですが、3年たった今では社員が辞めないだけでなく、新卒は数人しかとらないのに見学者が60人も来たほどでした。

こんなにスムーズに「ビジョン経営」が進むものですか？

確かに、簡単にはいきません。

ビジョン経営によって良いほうに変化した商社の例をご紹介しましたが、ここでビジョン経営を導入した際に知っておきたいことを2つ述べておきたいと思います。

コンフォートゾーン

その一つは、人間の心理にある「コンフォートゾーン」についてです。これは、人がだれでも持つ心理的に安全なゾーン、ということです。過去の経験、体験で自分でつくってきた「安全・安心な場所」のようなものです。

左図は、ビジョンを掲げたときの社員の心理です。ビジョンは掲げられましたが、今の段階では、その内容が高みにあって、到達できません。

[過去に引きずられたコンフォートゾーン]

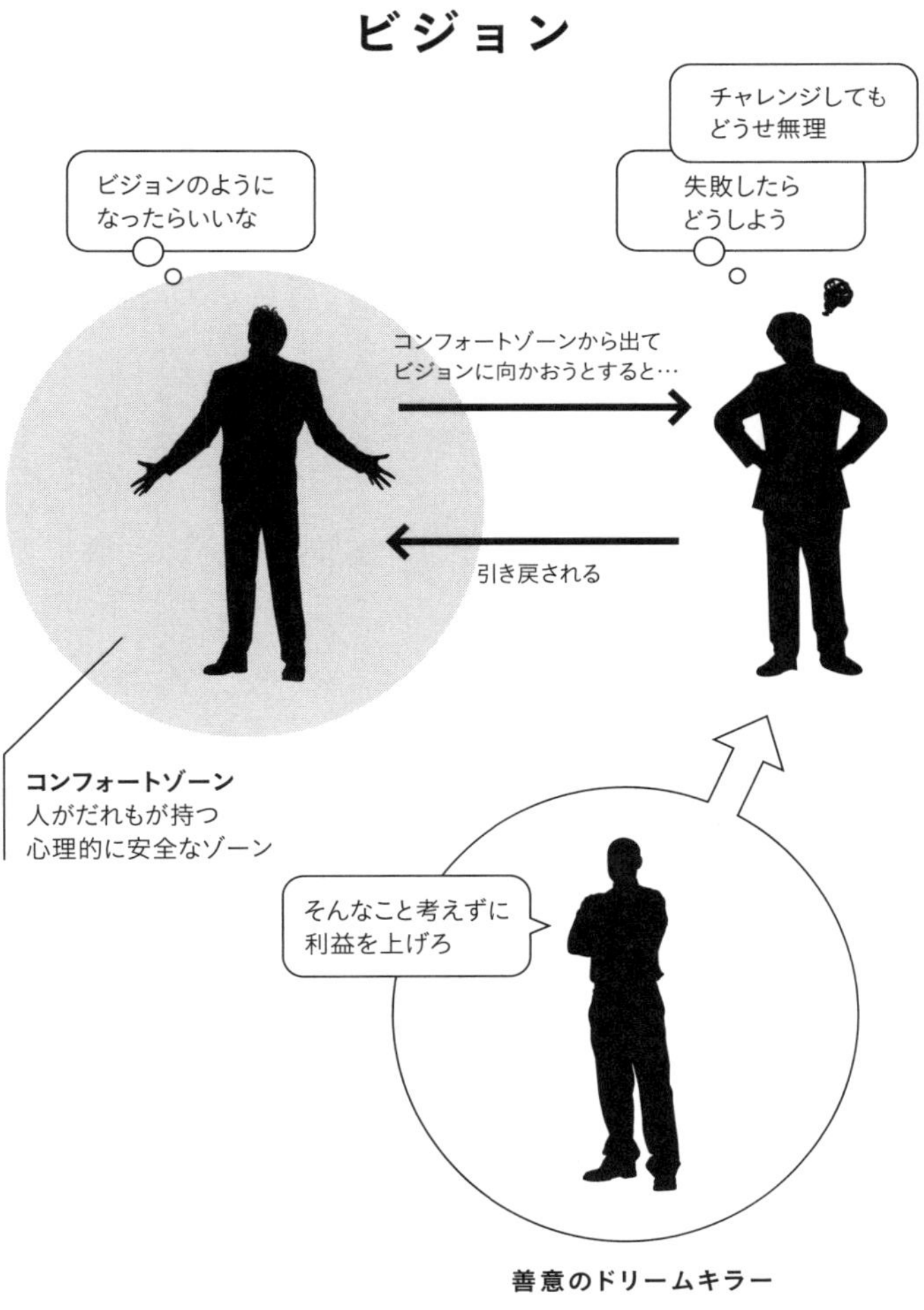

それにチャレンジして、「コンフォートゾーン＝今の安全・安心の場」から出ようとすると、声が聞こえてきます。

「やめとけ、やめとけ。そんなことを考えずに、売上を上げろ」

善意のドリームキラーの声です。いわば、まわりにいる善意の人々で、そんなチャレンジはやめろよ、と言うのです。

そう言われると、本人も自信がありませんから、

「失敗したら、どうしよう」

「チャレンジしても無理かな」

「不安だな」

で、結局、コンフォートゾーンに引き戻されてしまいます。

これの繰り返しで、安全な場所からは出られないのですね。極端なケースでいくと、**どんどん状況が厳しくなっても、自分はそこにいるのが安全。安心なので、出てこない。茹でカエル状態になります。**

ところが、ビジョンに生きることを選ぶと、左図のようになります。

[ビジョンに生きるコンフォートゾーン]

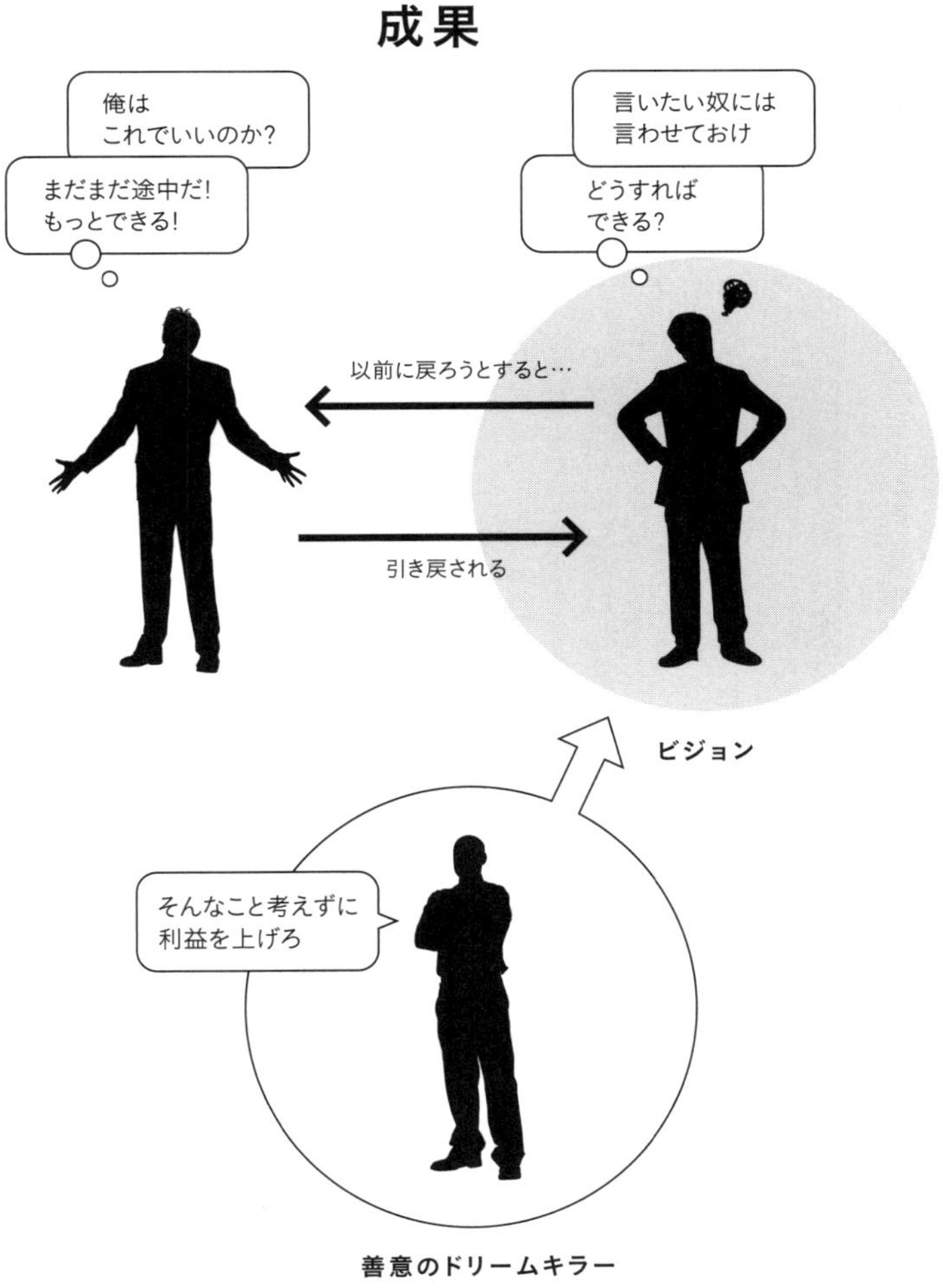

すでにビジョンとともにいる人で、先に見えているのは「成果」です。自分の中では、ビジョンを実現しつつあるという感覚なので、まわりの人が、

「やめとけ、やめとけ」

と言っても、

「言いたい奴には、言わせておけ」

動揺しません。むしろ、

「俺はこれでいいのか」

「まだまだ途中だ、もっとできるはずだ」

「どうすればできるか」

いい意味で、ビジョンに比べてできていない現状に目が行ったり、努力するのが当たり前、という考えで前に進んでいきます。

こういう会社にしたい、こういう状態になりたいと、目指すビジョンが明瞭になっていますから、早く実現したい、そこに行かなくては気が済まないという状態になっています。

この段階に至ると、本人はそれほど必死にやっているのではないにもかかわらず、まわりから見たら「すごいことをしているね」と映って、ほかの人を引き寄せる効果もあります。

この状態は、「ビジョン」から「ビジョンに沿った行動」、さらに「それを実現するための組織」の左回り展開が順調に回る状態ですから、むしろこのコンフォートゾーンに入っているほうが、安心感も安定感もあるわけです。

20：80の法則

ビジネスでは、しばしばパレートの法則というものが話題に上ります。ご存知のように、いわゆる2と8の比率で、さまざまな関係が語られるというものです。

たとえば、ある会社の商品の売上の8割を、全商品銘柄の2割で生み出している、といったようなことです。

この2：8の比率の法則は、私はビジョンを実現する際にも応用できると考えています。

それはどのようなことかと言えば、ビジョンを浸透させる際に、１００％の社員に理解してもらおうとは期待しないのです。

はじめ、経営幹部を含めて念頭に置くのは、20％の社員です。**組織の2割、社長と経営幹部、主だった社員。ほぼ2割がしっかりと自分たちの目指すことを理解していればよいのです。**

というのは、この後で私の経験をレポートしますが、ビジョンを会社で展開しようとすると、コンフォートゾーンの存在でもわかるように、過去にしばられて、抵抗する人や、あるいはビジョン経営などにそもそも無関心な人などが現れてくるのです。

それが8割であると、覚悟したほうがよいでしょう。

しかし、それを恐れることはありません。

ただ、その8割にとことん関わろうとすれば、疲れますし、肝心のビジョンを生かすことが遠くなっていくはずです。

ですから、そこにエネルギーを使い果たすよりは、早く2割の人々を仲間にしていくことです。

昔からリーダーは孤独だとか言われますが、私は孤独であってはいけないと思います。前述の商社のように、ナンバー2、ナンバー3といった腹心の経営幹部と腹を割って話し合い、場合によっては、彼らにもビジョンを創る経験を共有してもらいながら、強力な仲間として育てていく。これが大切です。

そうして、彼らと手を携え、会社を変えていこうというエネルギーを使って、早く自分に共鳴する2割の仲間を増やしていくのです。

これは、8割の人たちとの間に壁をつくるということでは、決してありません。2割の人たちにビジョンを理解してもらって、これまで何度か述べた「左回り」の展開をする際に、その人たちがエンジンになるということです。

2割が動けば、必ず「左回り」は動き始めます。動き始めますと、8割が次第に巻き込まれていきます。

逆に、この2割が離れたら怖い結果になります。そうならないように、腹を割って、真摯なコミュニケーションを図っていく必要があるのです。

外資企業を劇的に変えた事例もありますね？

ジョンソン&ジョンソンでは退社する前の2年間、私は営業成績が連続トップでしたが、その後、同じアメリカ資本の医療機器製造・販売のベクトン・ディッキンソンに移りました。ここでビジョン経営を推進する立場に立ち、さまざまな経験をしました。

この会社には営業主任クラスで入社したのですが、3年経ったころ、アメリカ本社からの指示で、次の100年を考える「ワンカンパニー・プロジェクト」というプロジェクトが立ち上がり、6つの事業部から1名ずつピックアップされました。

私もその一人で、この後半年間、完全に現場の仕事から外されてプロジェクトに専従したのです。

ワンカンパニー・プロジェクトが立ち上がったのは、外部環境、内部環境それぞれの背景があります。

外部環境としては、医療行政が厳しくなり、場合によっては病院の数が減少するなど、市場がタイトになるリスクが考えられるので、それに早くから対応しようというものがありました。

その対応でネックになるのが、内部環境です。端的に言って、**アメリカの企業にありがちな「情報の閉鎖性」です。**事業部ごとに独立しているのですが、これがアメリカですと、地理的にも離れており、別の会社のようにふるまって当然なのですが、日本ではオフィスが同じビルなのに、情報交換がまったくありません。

だから、同じお客様に、同じベクトン・ディッキンソンの名刺を持つ人間が、何人も押しかけるというようなことが普通に行われていました。会社としての、顧客対応の戦略が、なされていなかったわけです。

こういうことでは、これからの100年を考えたときに勝ち残っていくことは難しいという判断ですね。ここで、抜本的に会社を見つめ直し、みんながまとまるビジョンも考えて、ワンカンパニーになろうとしたのです。

バラバラな社内を一つにしたら、もっと強くなるに違いないという考えですが、6名は合宿して、ビジョンを考えたり、どのように社員を巻き込んでいけばいいかディスカッションしたりしました。

良い経験をしました。

この後のすべてが、ここでつくられたといってよいほどの勉強をしたと思いますし、これによって私自身も大きく変わることができたと思います。

ビジョンを浸透させるにはどうしたらよいか、を実践で身に付け、さらに自分が営業本部長として営業部を率いるうえでの勉強もし、コンサルティングの基礎知識も、ここで学んだと思います。

また、結論から言えば、このビジョン経営のプロジェクトで、ベクトン・ディッキンソンは劇的に変わりました。

事業部間の情報交換も盛んに行われるようになりましたし、人事交流も活発になりました。これまでは異なる事業部を異動することなどなかったのですが、それも行われるようになりました。

何度も言うように、数字（営業成績）とビジョンは、直接的にはつながりません。ここが大いに勘違いされるところなのですが、ビジョンを創ったら数字が上がると思ったら大間違いで、**ビジョンを創り、そこに向かうプロセスが数字を生み出す過程になるのです。**

強調しておきたいのは、このプロセスをしっかりとマネジメントしていかない限り、数字はつくれません。

そのことがわかっていましたから、プロセスでは常にビジョンを意識して行いました。おかげで、その後の新規製品プロジェクトでは10億円規模の製品を一気に50億円規模にしたり、既存製品の販促では45億円から50億円（対前年比110％）にしたり、70億円規模の事業部を2年で80億円規模にする改革も成功させたりしました。

劇的な変化まで、どんな議論を社内で行ったのですか？

ワンカンパニー・プロジェクトで、いちばん大きなテーマはビジョンを創る作業でした。**自分たちの会社はどんな会社なのか、何のためにこの会社はあるのか、何のためにこの商品を世に出しているのか、**ということでした。

ここを間違えてしまうと、かつてのアメリカの鉄道会社が陥った落とし穴に落ちて、衰退に向かってしまいます。

アメリカの鉄道会社は自らの役割を誤解し、鉄道事業という狭い視野の中に閉じこもり、事業の本質をなすのが「輸送手段」であることを考えませんでした。このため勃興する自動車に負けていったのです。

この鉄道会社の過ちを繰り返してはならない、というのが、合言葉になりました。

単に、医療用や細菌検査用の機械、機材、試薬などを販売している会社なんだと考えてしまったら、アメリカの鉄道会社と同じ間違った道を行ってしまう。

これらの商品を世に出すことで得られるものは何か、機械の向こう側にあるものが重要だという考え方で、ミッションにつながります。

議論は具体的に、

「商品が売れたらいいのか」

という点に絞られました。

試薬や検査キットなどの消耗品を売る事業部もあれば、何千万円という機械を売る事業部もありますが、要はそれらを何のために売っているのか、売れたらよいのか、ということです。

毎年、売上を伸ばしていけば我々の役目は果たされるのですか、という問いです。

そうではあるまい、というのが、プロジェクトのコアメンバー6名の意見でした。

それが我々のミッションにはならないだろう、と。

しかし、議論の進め方としては、そこで話し合ったことはそれぞれが各事業部に帰って、みんなとその内容をシェアするのですが、

「売上を上げることで、いいのではないか」

「売上が目的で、何が悪いの？」

そういう意見が飛び交いました。

本当にそれだけでいいのか、それで「楽しい」のか、と問うと、

「売上が下がったら、どうする？」

「あなたが守ってくれますか？」

と問い詰められたものです。

私たちは、販売成績の良い営業社員はどう考えているのか、のヒアリングも行いました。すると、本当に売っている人たちは、売れればいい、売りっぱなしという感覚では売っていないのですね。

売れている営業ほど、販売してからが勝負だ、と考えているのです。

それは、自分のことを考えてもそうでした。営業にいたときを振り返ると、売った後、

どうお客様をケアしていくか、そこにフォーカスがあったのです。
それは、いったいどういうことだろう、私たちは何のために売っているんだろう、なぜこの会社は存在するのか、と改めてプロジェクトのメンバーで考えて、

「販売の向こう側には、医師がいる。
しかし、そこで私たちの売る商品は役目を終わるわけではない。
その向こう側には、健康を望む人々がいる」

健康を望む人々に役立ってこそ、商品の目的が達せられるのだと考えたとき、それを販売する私たちの立ち位置が見えました。

ここから、

「あらゆる人々の健康な暮らしに貢献する」

という米国本社のミッション、ビジョンが腹に落ちたのです。

我々は単に、アメリカ本社でつくられた製品を販売する存在ではない。医療従事者、患者はもちろん、健康な人々も含むあらゆる人々の健康に貢献する存在でなくてはならない。

そのためにお客様に寄り添い、社内の情報、知識、ノウハウを共有して、最高のサービスを提供し続ける存在にならなくてはならない、と結論づけました。

販売の目的がここに収れんされたのです。この目的があるから、売れれば「うれしい」「楽しい」のだと言えるのです。

私たちは、このビジョンのもとに、ワンカンパニー・プロジェクトを進めることに決めました。

ビジョンが浸透する過程で、社員にはどんな変化があるのですか?

ミッション、ビジョン、価値観、というものをベースに置いたとき、人との接し方の判断基準が出来上がります。

もとより私たちは販売会社の社員ですから、営業としては数字（営業成績）を上げなくてはなりません。しかし、数字を上げればいい、それで役目が終わるわけではありません。

どのように数字を上げていくか、が重要です。

単年度だけでいいなら、瞬発的に頑張っても数字は上がりますが、継続的に上げていくには、営業社員の変わらぬモチベーションが不可欠です。

では、彼らのモチベーションを上げ、どうしたら、気持ちよく動くことができるようにするのか。

ここにビジョンが必要になってくるのです。そして、このビジョンを体現した、部下への接し方というものが、リーダーには求められるのです。

単に「売ってこい」で、数字が上がるわけではありません。その社員が、どう売っていいかわからないのであるなら、サポートを具体的に詰めていかなくてはなりません。売るために何が必要か、ということです。

客先の情報が足りないとなれば、情報を取ってこなくてはならない。それをきちんと社員とリーダーが共有しなければ、前に進めないのです。

ビジョンを基にした会話が始まると、何が変わるかと言えば、社員が安心するのです。リーダーが何を基準にして、自分にものを言っているのかがわかってくるので、安心するのです。

ビジョンを前面に出すまでと、その後で、いちばん変わったのはこの安心感のあるなしでした。安心感があると、社員は情報を隠さなくなりました。

ワンカンパニー・プロジェクトが始まる以前は、自分の知っている情報、客先の情報でも何でも、社員の半数は隠していました。情報をオープンにしてしまうと、自分の存在価値が、それだけ低くなるからです。

日報は出しますが、そこには適当に書いておけばいいわけです。肝になる情報は自分が握っているということが、彼らの保身につながっていたのでした。すると、あるときにトラブルが起きる。そうしてはじめて、彼が情報を隠していたことが発覚するのです。

それが、ビジョン経営でワンカンパニーを進めていく過程で、だんだんとなくなってきました。

ほかの事業部との情報交換も増えてきました。メールで済ませていた連絡を、直接話に行くようになったり、コーヒーを飲んで話したり、変化が起きてきたのですが、より重要なことは、それまで隠していた各自の情報が表に出てくるようになったことでした。

すると、情報を交換し、自分だけの知っている情報を表に出したほうが、相手からフィードバックがもらえるし、自分の抱えている問題を大きくならないうちに出せば、トラブルの目が小さなうちにつぶせますから、得だということになりました。

一挙ではなく、だんだんとではありますが、

「こんな不具合が起きていますよ」

という問題点が、マネージャークラスの耳にも届くようになりますから、小さなうちに一つひとつつぶして行くことができるようになったのです。

なぜなら、

「我々は、あらゆる人々の健康な暮らしに貢献するところを目指しているんだから、こんな小さな不具合でも放っておけないよね」

ということになったからです。

これがビジョンの生き始めている証です。

むろんリーダーやマネージャーなどの幹部たちが、ビジョンについて、普段からしばしば話をすることが重要です。

それによって、

「会社は、本当にあのビジョンを目指しているんだな」

ということが、社員にも理解されてくるわけです。20：80の法則の2割がエンジンになって動き始め、やがて8割もそれに巻き込まれていく図式です。

それまでは、

「どうせ、きれいごとを言っているだけだ」

と思っているのですが、現場で起きるトラブルを、力を合わせて解決するようになってから、だんだんとみんながわかり始めたのです。

小さな例ですが、高額な機械を納入した際に、機械が動かないというトラブルが発生したことがありました。新製品の機械には、予期しないトラブルがよく起きるものです。そのクレームが来たとき、どう対応するかが問題になりました。

以前ですと、

「営業なんだから、お前、ちゃんとやれよ」

というように、ほとんどは営業任せになっていました。

しかし、ビジョン経営を進めた後だったこのとき、営業だけでなく、事業部全体で取り組んだのです。

そうした小さな変化が、社内のあちこちで目につくようになりました。

業績にも、ビジョンが好影響を与えたのでしたね？

６名の私たちプロジェクトのコアメンバーは、半年後にそれぞれの事業部に戻りました。私にとっては営業本部長としてのビジョン経営の実践の場ですが、そのとき、私はとにかく一貫性を保とうと考えていました。

一貫性を保つとは、すべて、ビジョンをベースに判断していくということです。社員に対する評価にせよ、戦略にせよ、クレーム対応も新規ビジネスも、ビジョンをベースに考えていくしかないと決めていました。

10億円規模の新製品を、一気に50億円規模にしたのはこのときです。

それは、インフルエンザの診断薬キットです。これを、ベクトン・ディッキンソンが日本で初めて市場に出したのですが、そのときまで市場は10億円規模でした。

しかし、これは市場見込みが少なすぎるのではないかと考えました。要はそれまでの営業責任者が、もし売れなくて余ったらどうしよう、という点にフォーカスしていて、腰が引けていたのですね。

売れ残ったら、有効期限は半年しかないから、捨てなくてはならない。インフルエンザは冬に流行します。診断薬も冬のシーズンに需要があります。

その冬に売り切らなくては、大量廃棄しなくてはならない、と心配したのです。要は、抑えていたわけです。

もし売り切ったら、欠品になる。だが、廃棄するよりも、欠品になるほうがマイナスにならないという判断です。欠品になるなんて、とんでもないと私は思いますが、しかし売れなければ利益が落ちます。

そのときに、ビジョンをベースに考えたのです。我々は、

「あらゆる人々の健康な暮らしに貢献する」

ということではないか。診断薬がなければ診断できない。それがなくて困るのは、誰なんだ、ということです。健康な暮らしを望む、一般の人々がいちばん困るではないか。

要は、売り切ればいいのだ、と結論しました。そうすれば、営業責任者の心配もなくなるし、人々の健康にも貢献する。

それに一般に診断薬キットというものが、それほど名が知られていませんでしたから、プロモーションさえしっかりやれば、必ず売れるはずだとも考えました。

このときには、マーケティング担当者だけでなく、社長も説得しました。

売り切るために、その営業戦略を事業部全体で考えました。

インフルエンザが流行ろうが流行るまいが、診断薬キットを売り切ってしまおう、ということで、診断薬業界でははじめて、半年間だけ大量のセールスの契約社員を導入しました。レンタルセールス軍団です。

このときには、50億円と市場予測をはじき出して、前年の5倍を仕入れ、それを一気に半年間に売り切りました。

結局、何を基準にして行動を仕掛けるかです。このときにはビジョンです。ビジョンを実現するには、これしかないと行動の基準にしましたから、古参の営業マンたちも、

「やはりビジョン経営を進めるんだな、逃げないでビジョンに向かっていくんだな」納得したようです。

もっとも、翌年は50億円を超そうとしてさらに大量に輸入したために、これはさすがに残してしまいました。

さて、余ったが、これをどうしようか、というときに、みんなを巻き込んでいくと、アイデアがどんどん出てきました。

一営業責任者だけに任せてしまったら、「捨てる」でおしまいですが、

「捨ててもいいが、ほかに活用法はないか」

と全員に図ったとき、夏にもインフルエンザが出るかもしれない、ということを聞きつけてきたスタッフが、

「夏に、お医者さんに、無料で提供したらどうか」

という意見を出し、そうしようとみんなの意見が決まりました。

それで、**全部、研究用で使ってください、と全国のお医者さんに無料で提供しました。**

会社の法務担当者が景品法違反になるかも、と反対したので、当時の厚生省にも一応意見を聞き、そのうえで提供したのですが、結果的に、夏にもインフルエンザがあることがわかったという副産物を生みました。

新製品のインフルエンザ診断薬キットの販売を通じて、みんなの意見が活発に出るようになったことで、社内の空気がぐっと良くなりました。

この後行われたエンプロイー・サティスファクション（従業員満足度調査）で、満足度が上がったのですが、目に見えてみんなのモチベーションが上がるのがわかりました。

新製品だけではなく、既存の商品をどう売るか、ということも、営業のマネージャーが発言するようになり、スタッフからも積極的に意見が出るようになりました。ばい菌を測定する生培地という商品が伸び悩んでいたのですが、これもみんなの意見から、積極的に販売して、45億円から50億円まで行きました。

販売することが、単に数字を上げるためというのではなく、人々の健康に貢献することにつながるという気持ちが、みんなのモチベーションを上げたのです。

70億円ボーダーの事業部を80億円規模にしたというのも、同じようにビジョンに基づいた行動の結果です。

これはインフルエンザの診断薬部門から異動した部署で、消耗品の販売部門でした。ここでは、代理店が顧客との間に入っていました。そのため代理店に納入すれば、売上は立つのです。

そうした販売方法になれてしまった風土が、この事業部にはありました。

しかし、**これは本来の販売方法ではありません。ビジョンをベースに考えたら、相手は代理店ではなく、お客様です。**

そこで、お客様のところに行こう、と呼びかけました。大学病院の研究室に行って、どんな使い方をしているのか、もっとベターな使い方はないか、お客様の話を聞かなくてはならない、とセールスのやり方を変えていきました。

こうすることで商品が流れるようになりました。商品がはけると、また代理店が在庫を取ってくれますので、売上が伸びていきました。

2年間で10億円余りの売上の伸びを実現しましたが、もともとそれくらいのキャパシティがあったということです。

ビジョンに戻って、これが我々のやり方でしょう、目指すところでしょうと、本来の姿を取り戻しただけのことだと思います。

ビジョン経営を進める際の抵抗は、どんな形でしたか？

ところで、こうしてビジョン経営を進める中で、抵抗を示す人たちが、当然現れます。

たとえば、当時、40代に入ったばかりの中堅社員であるAさんは、当初から私たちのプロジェクトに対して批判的な態度を取っていました。

もともと、上司に対しても自分の意見をずけずけ言うタイプで、どちらかと言えば煙たがられる存在でした。その頃の上司である私に向かっても、要はビジョンで飯は食えない、そんなことを考える時間があるなら、お客様を訪問しろ、という態度でした。

私はこれに対して、

「お客様に、これからもずっと満足していただくために、このプロジェクトを進めなくてはいけないんだよ」

と答えますが、

「営業は、そんなきれいごとではすみませんよ」

と応酬してきたものです。つい私も売り言葉に買い言葉で応じて、口喧嘩のようになって終わりです。

ところがあるとき、Aさんと一緒にお客様を訪問することになりました。お客様とAさんのグループの若い営業担当者との行き違いによるトラブル対応です。先方が「責任者を呼べ」という言葉に応えて、営業本部長の私と彼が訪問することになったのです。

このとき、トラブルはうまく解決ができました。思いがけなかったのは、このときから、Aさんの態度に変化が生まれたことです。

Aさんは、彼にとって「きれいごとばかり言う」私が、お客様へのトラブル解決のための、泥臭い行動を共にするとは、思ってもみなかったのです。

要するに、営業本部長として赴任したばかりの私は、Aさんに信用されていなかったということです。これ以後、Aさんとは徐々に、斜に構えることなく、真摯に向き合って話すことができるようになりました。

そこでわかったのは、Aさんは決してビジョンに反対しているのではなかったことでした。**反対していたのではなく、現実の営業現場の状況を基に、何を変え、どんな行動をしていくか、具体的な方策を話したかっただけでした。**

Aさんは真剣でまじめだったからこそ、現実を直視し、ものごとを進めたかったのです。表面的な言葉の応酬に終始していたら、あやうく大切な部下を失っていたかもしれません。

単に「反対者」というレッテル貼りをしないで、個別にそれぞれの人の意見をくみ取っていく重要さを、このときに学んだものです。

抵抗は、会社の進もうとすることに対する社員の誤解、あるいはAさんのようにこちらが陥っている誤解、ということが多いものです。また、自分を辞めさせようとしているのではないかという憶測、誤解もあります。

ワンカンパニー・プロジェクトの場合には、縦割り組織の改編もあり、それまでの事業部を少なくさせる改革も進めましたから、それによってなくなる事業部の部長の抵抗もありました。

しかし、組織としての一つの事業部はなくなりますが、部長を辞めさせるわけではありません。これも「誤解」の一つと言ってよいでしょう。

のちに心理学を学んでわかったことですが、変革に当面すると、人間は防衛反応を起こします。この防衛反応には3つのパターンがあります。

一つめは**「逃げる」**です。怖い人（上司かもしれません）が現れたら、その場から逃げる、という行為はわかりやすいでしょう。ところが捕まってしまい、逃げようにも逃げられない場合の「逃げる」に等しい防衛反応があります。

それが、相手の言うことに、どんなことでも同意する行為です。自分が違うなと思っても抵抗せず、「はい、わかりました」と同意するのです。

何か異論を唱えれば、また何か言われて解放されないわけですから、早く解放してほしいために同意するわけです。

2つめは**「フリーズする」**です。山でクマに出会ったら「死んだふり」しろという、あれです。一切、言葉を発することなく、無言で、その場が通り過ぎるのを待つのです。何か、コメントを求めても、決して発言することはありません。

そして3つめが**「反撃する」**です。

自分の身を守るために、あえて攻撃を加えるのです。攻撃してくるので、客観的には防衛反応とは映らないこともあります。

当時の私は、この「反撃する」ことが防衛反応だとは気づいていませんでした。意見の不一致、価値観の不一致という意識で、正面から対立していました。

まずい対応をしたものです。これによって、複数の貴重な人材を失ったことにも気づいていませんでした。

いずれの場合も、防衛反応ですから、受け身です。意識が自分自身の身を守ることに集中しています。

このときに、もっと目をほかに向けて、全体を考えろと言っても、それは難しい。まずは、防衛反応の原因となっていることを解決することが先決です。

つまり、ビジョンに沿って変革を進めるリーダーは、抵抗している人たちの「不安」は何かを知り、その不安を解決していくことです。


もう一つ、社員に現れるパターンは**「無関心」**です。

会社は会社、自分は自分、と割り切って、会社が「ビジョンが大切」と言っても、「どうぞ、ご勝手に、私は私の仕事をするだけ」というタイプです。

この場合、プロフェッショナル意識の高い人が無関心派になる可能性は高いのです。「会社はこれからビジョンに向かって変革する」と言っても、日常の仕事がいきなり大きく変わるはずもありません。

彼らは今、自分が取り組むべき仕事が何かを知っていて、そこに集中しようとしているのです。ある意味で、安心して仕事を任せられる存在と言えましょう。

しかし、社員の意見を取りまとめるために、集まってもらおうと声をかけても、「仕事があるから」と欠席します。

あるいは、参加しても、いやいやながらの参加ですから、私がビジョンを語った後で意見を求めても、

「なにもありません」

露骨に早く終われという態度です。

会社を変えていくんだという思いの強かった私は、この無関心な社員を、抵抗していると見誤りました。


実は、彼らは抵抗しているのではないのです。関心が、自分自身の役割や成し遂げるべき責任に、ほかの人より少し強く心が向けられているだけです。


このことがわかれば、対応は見えてきます。

私は、彼らと、日常の仕事に求める、その人の役割と責任について話し合いました。

ビジョンに向かって、何を変えていくことが求められるか、それがどれくらい意義があり、大切であるかを話し合いました。

ほかの人はこうだとか、会社がどうだとかの話は必要ありません。その人の成長や仕事に対する成果についてだけ、話し合ったのです。

無関心な社員は、自分自身の仕事の精度を高めていくことへの関心が高いというのが特徴です。リーダーが会社の変革で求めているのも同じです。そこのポイントをしっかりと抑えていけば、必ず合意点は見つかります。

第5章

ビジョン経営で会社にブレイクスルーを起こす

――ビジョンで変革するために

ビジョン経営を、どう継続するか。
リーダー、経営幹部の役割とは何か。
部下との面談の注意点は、何か。

ビジョンで会社を変えるのは、リーダーの役割ですね？

ビジョンはせっかく創っても、そのまま床の間に置いておけば、すぐに忘れてしまいます。

特に内観のような深いところからあぶり出したビジョンではなく、チャンクアップとか偉人になったつもりで創り出したものは、最初はいいのですが、放っておくとすぐにどこかに行ってしまいます。

常に、日常活動とビジョンを結びつけて、意識づけを継続すること。特にリーダー、経営幹部、主だった社員など2割の人は、この意識づけが重要です。8割の社員は、極端なことを言えば、ビジョンという言葉を知らなくてもいいとさえ思います。

ビジョンにはその人の価値観が入ってきます。ビジョンを中心に行動するリーダーは、いわば「価値観レベル」で動く、と言ってもよいでしょう。

ただ、**一般の多くの社員は、給料がとか、労働時間が長いとか短いとか、あるいは会社がどこにあるか、規模がどうだとかという、いわゆる環境に影響されやすい側面が強いですね。**

ビジョンに真剣に触れていないと、なおさら、そうです。何をする、どんな仕事をするといった環境行動レベルで動いています。

そうした「環境行動レベル」で行動している社員に、この会社はこういうところを目指していると、いくら熱心に経営者が述べても、耳に入りません。かえってリーダーが疲弊してしまいます。

したがって、**リーダーは「環境行動レベル」をビジョンに沿ったものにしてあげることが仕事です。**ビジョンをそういう具体的な形に落とし込んであげると、社員も自然にビジョンの世界に入ってきます。

ビジョンを基にした、あるべき会社の姿を幹部がつくり、社員は、環境と組織の中にいて、自分がやらなくてはならないことがフィードバックされ、きちんとやれたら公正に評価されていくということになれば、それでいいのです。それで、ビジョンにつながっていくわけです。

リーダーや幹部がビジョンの浸透に熱心になるあまり、社員に「ビジョン」「ビジョン」と言い立てても、反発を受けたりして逆効果になるだけです。

しかし前述のように、リーダー、経営幹部などは、ビジョンを根づかせるために、いつもビジョンと日々の行動を結びつけていくことが重要です。

そのために、繰り返し述べているように、

1……「ビジョン」「ビジョンに沿った活動」「その活動を円滑に展開させるための組織」を左回りに回転させること。

2……ビジョンを浸透させるために、PDCAによって上司と部下の日々のコミュニケーションを深めていくこと。

この2点を、リーダー、経営幹部の役割として特に強調しておきたいと思います。

左回り回転の具体例を教えてください

ビジョンの左回りの展開は、ビジョンを根づかせるための基本です。

ここで、2社の事例をご紹介しましょう（195ページ図）。

初めの左回りの展開図は、社員の退職が甚だしかった商社の、現在の姿です。

「ビジョン」は、

・社員と家族が感動を持って働ける環境をつくること。

そのうえで「お客様の仕事を楽しくする」ことに役立てるように日々進化し続ける。

ここから導き出された「価値観」は、

・楽しむ
・明日はもっと良くする
・正しいことをする
・互いを尊重する

こうした価値観を持って行動しましょう、ということです。
では、「顧客」にどんな活動を展開するかと言えば、
・モノを売らない。心を受け入れていただく
・モノを売らず、顧客の話を聞く
こうした活動にフォーカスしようということです。
「社内」の取り組みでは、
・楽しむをいちばんに考える
・上下間の連携をスムーズにする
・事業部間の連携を促進させる
そのための「組織」はどうあるべきか、と言えば、
・販売製品ごとの事業部制
・課長より下の役職はつくらない
できるだけフラットな組織にするということですね。
「環境」としては、

[商社の左回り回転の具体例]

価値観は?
仕事で大切にすること
・楽しむ
・明日はもっと良くする
・正しいことをする
・互いを尊重する

ビジョンは?

社員と家族が感動を持って働ける環境をつくる。その上で、「お客様の仕事を楽しくする」ことに役立てるように日々進化し続ける

評価は?
評価は自己申告、360度評価をもとに上司の考えとすり合わせて共有
表彰は社員の推薦

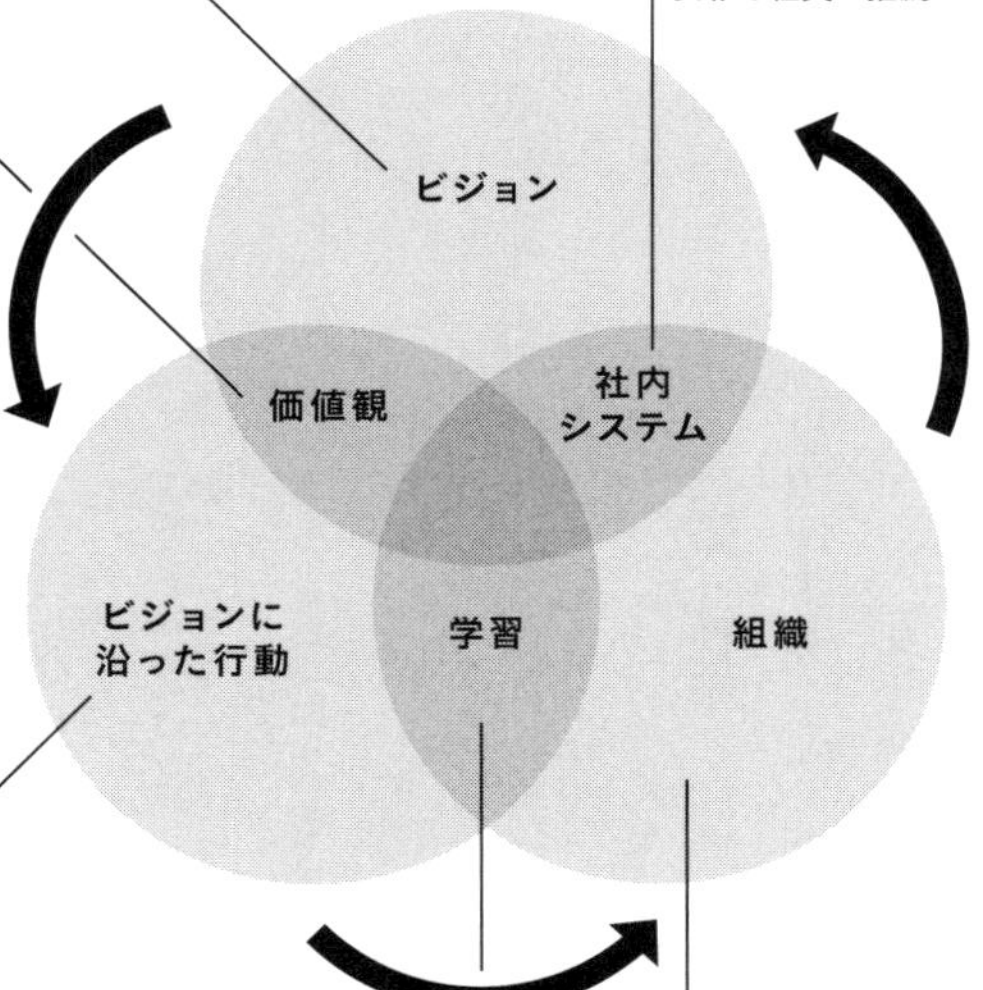

顧客には?
・物を売らない、
心を受け入れていただく
・物を売らず、顧客の話を聴く

社内の取り組みは?
・楽しむを一番に考える
・上下間の連携をスムーズにする
・事業部間の連携を促進させる

組織はどうする?
・販売製品ごとの事業部制
・課長より下の役割は作らない

学習としては?
・社員全員参加のコミュニケーション研修
・月1回の課長以上の合宿ミーティング
・PDCAで活動の検証と改善

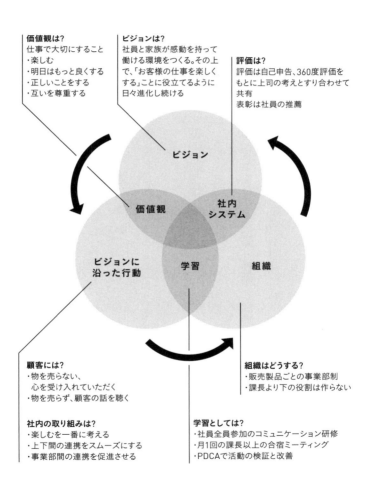

・全営業部が一つのフロア

すなわち風通しの良いオフィスにします、と。

活動と組織を結びつける「学習（ＰＤＣＡ）」としては、

・社員全員参加のコミュニケーション研修

・月１回の課長以上の合宿ミーティング

これを継続して行っていきます。

そうして「評価」は、

・自己申告と、３６０度評価を基に上司と共有

・表彰は社員の推薦

ということになります。上司だけでなく部下や同僚、仕事に関連する他部署の人間が同時に評価に参加する３６０度評価で、公正さを担保することになります。

もう１社は機械システムメーカーです。ここでの課題は、新しい機械の開発が思うように進まないということですが、「ビジョン」は、

・仕事を通して、社会を笑顔にする。
「価値観」としては、
・現状に満足せず、挑戦し続ける
・公正で正しいことを行う
・自ら考え、学び続ける
・相手を尊重する
「顧客」に対しては、
・「イエス」＝できるという思考を持って顧客の要望を聞く
・顧客ニーズに沿った製品改良を月1回以上行う
続いて「社内」の活動も、
・営業と開発の連携を密にする
・研究開発費をどんな状況でも削らない
・コスト管理の徹底で無駄をなくす
新規開発に、意識がフォーカスしています。

[機械システムメーカーの左回り回転の具体例]

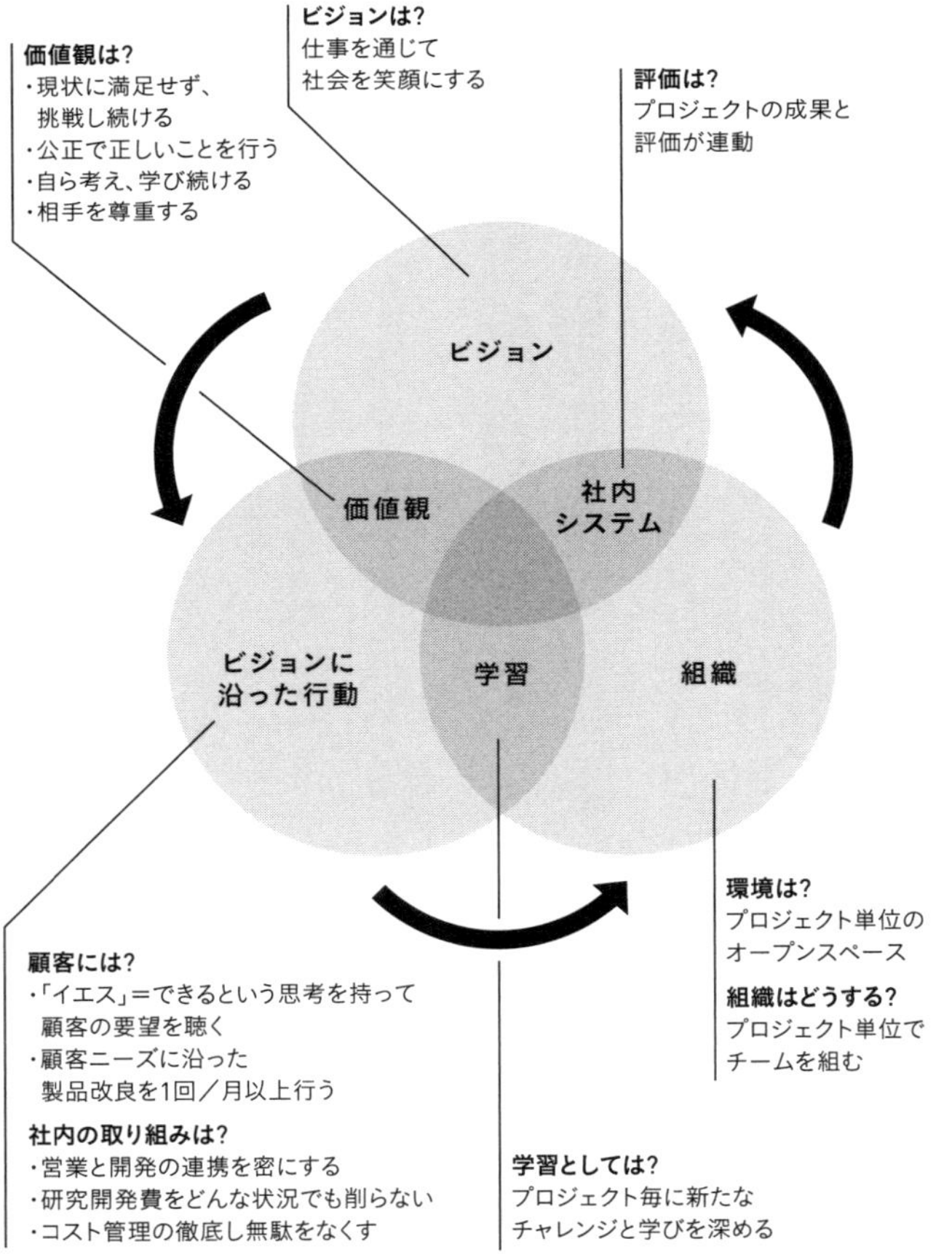

ビジョンは?
仕事を通じて
社会を笑顔にする
価値観は?
・現状に満足せず、
挑戦し続ける
・公正で正しいことを行う
・自ら考え、学び続ける
・相手を尊重する
評価は?
プロジェクトの成果と
評価が連動
ビジョン
価値観
社内
システム
ビジョンに
沿った行動
学習
組織
環境は?
プロジェクト単位の
オープンスペース
組織はどうする?
プロジェクト単位で
チームを組む
顧客には?
・「イエス」=できるという思考を持って
顧客の要望を聴く
・顧客ニーズに沿った
製品改良を1回/月以上行う
社内の取り組みは?
・営業と開発の連携を密にする
・研究開発費をどんな状況でも削らない
・コスト管理の徹底し無駄をなくす
学習としては?
プロジェクト毎に新たな
チャレンジと学びを深める

そのために「組織」は、

・プロジェクト単位でチームを組む

シンプルです。したがって「環境」もシンプルで、

・プロジェクト単位のオープンスペース

「学習（PDCA）」は、

・プロジェクトごとに新たなチャレンジと学びを深める

そして「評価」は、

・プロジェクトの成果と評価が連動

この会社のビジョン経営は、まだ始まったばかりですが、それだけに「仕事を通じて社会を笑顔にする」というビジョンに向けて、真剣さが伝わってきます。

PDCAでは、どうやってコミュニケーションを深めるのですか？

この2社とも、学習（PDCA）を重視していますが、ビジョン経営を成功させるためには、ビジョンに基づいて、継続的にPDCAを回していく必要があります。

P（計画）は、ビジョンを「SMART」に落とし込む作業です。

S（具体的）、M（測定可能）、A（達成可能）、R（成果に基づいて）、T（期限がある）の略で、スマートと言い習わしています。

Dは、決まったビジョンを全社挙げて実践すること。Cは、ビジョンに対していかに仕事したか、「いかに（How）」に目を向けること。Aは、うまく行ったアプローチは継続し、うまく行かなければやり直すこと、というサイクルです。

「P→D→C→A」ときて、サイクルですから、またPに戻ります。

例図に沿って説明しましょう。これは、前出の商社の事業内容を具体化したものです。

[PDCAの計画をSMARTで示す]

成果（R）：既存顧客にオフィス用品一元管理の提案を採用していただけること

	第1段階	第2段階	第3段階	第4段階
具体的目標（S）	顧客担当者の当社の製品・サービスへの満足度を上げる	顧客担当者から会社のニーズを聴く	提案を作成し採用していただく	採用後に満足の為の訪問
指標（M）	1回／2週の訪問 企業規模 上位20件 **・顧客担当者が気軽に合ってくれる** **・こちらの質問に答えてくれる**	1回／2週の訪問 企業規模 上位20件 **・会社の状況に関する質問にも答えてくれる** **・先方から問題を相談される**	1回／2週の訪問 企業規模 上位20件 **・提案することの了承を得る**	1回／2週の訪問 企業規模 上位20件 **・提案と実際の採用後の違いを気軽に話し合える** **・先方からの問題の相談が増える**
期間（T）	2カ月で達成	1カ月で達成	1カ月で達成	1カ月で達成

R（成果）は、

・既存顧客にオフィス用品一元管理の提案を採用していただけること

とします。

P（計画）では、第1段階から第4段階まで、それぞれ「（S）具体的目標」「（M）指標」「（T）期間」を設定します。

第1段階では、「具体的目標」が、

・顧客担当者の当社の製品・サービスへの満足度を上げる

その「指標」は、

・2週に1回、訪問。企業規模上位20件

ここで、訪問によって「得たい成果」とは何か。

・顧客担当者が気軽に会ってくれる

・こちらの質問に答えてくれる

これが実現すれば成功です。

期間は「2カ月」です。

A（達成可能）は表に書いてありませんが、これは担当者と上司の面談で、可能かどうかを話し合うことになります。

同じように、第2段階、第3段階、第4段階と進んでいきます。

PDCAでは、週に1回、訪問したか、企業規模上位20件か、というチェックは当然しますが、それ以上に、「顧客担当者は気軽に会ってくれたか」「会社の状況に関する質問にちゃんと答えてくれたか」「提案したことを了承してくれたか」といった点をきちんと見ていかなくてはなりません。

これができていないのであれば、何が足りていないのか、を考えていきます。ここまでやって、PDCAは順調に回っていくことになります。

この例は、P（計画）をSMARTでまとめた場合ですが、C（チェック）A（アクション）の視点をどこに置くかが重要ということです。

訪問回数などではなく、「本来、得たい成果は何か」に視点を置いて、見なくてはなりません。

この点で、メーカーと商社、あるいはサービス業などでは、視点が異なるので注意が必要です。

メーカーの工場現場のＰＤＣＡでは、回数や製品不良比率などの数字で回る場合が多いのですが、営業や接客の世界では数字で測れないほうが多いですね。

お客様と会った回数よりも、お客様との関係性をよくしたり、売上を上げたりすることが、本来の目的になります。そこを抑えないといけません。

そして、お客様のもとでどんな（How）話をするのか、というところに意識を向けていく必要があります。

この後で説明するバランス・スコアカードも同じです。

ビジョンに向けて「どんな活動」をしていくのか、そこに意識を向けて、日々、行動を検証していきましょう、ということなのです。

要は、ＰＤＣＡという言葉を使わなくとも、よいのです。「得たい成果」に意識を向けて、行動を検証していくことです。

ビジョンと日々の行動、戦略の関係が一目でわかる方法がありますか？

私はベクトン・ディッキンソンにいるとき、「バランスト・スコアカード」をつくって、ビジョンを戦略に落とし込むときのツールとして使っていました。

バランスト・スコアカードは、1992年にハーバードビジネススクールのロバート・S・キャプラン教授と、コンサルタント会社社長のデビット・P・ノートン氏によって、「ハーバード・ビジネス・レビュー」誌上に発表された、新たな業績評価システムです。

これを使うと、ビジョンと日々の行動、戦略が一目でわかるのです。

図式化すると、「ビジョン」があって、「財務」「顧客」「社内」「学習」の4つの視点があります（206ページ図）。

財務、これは売上、利益と考えていいでしょう。

[バランスト・スコアカード]

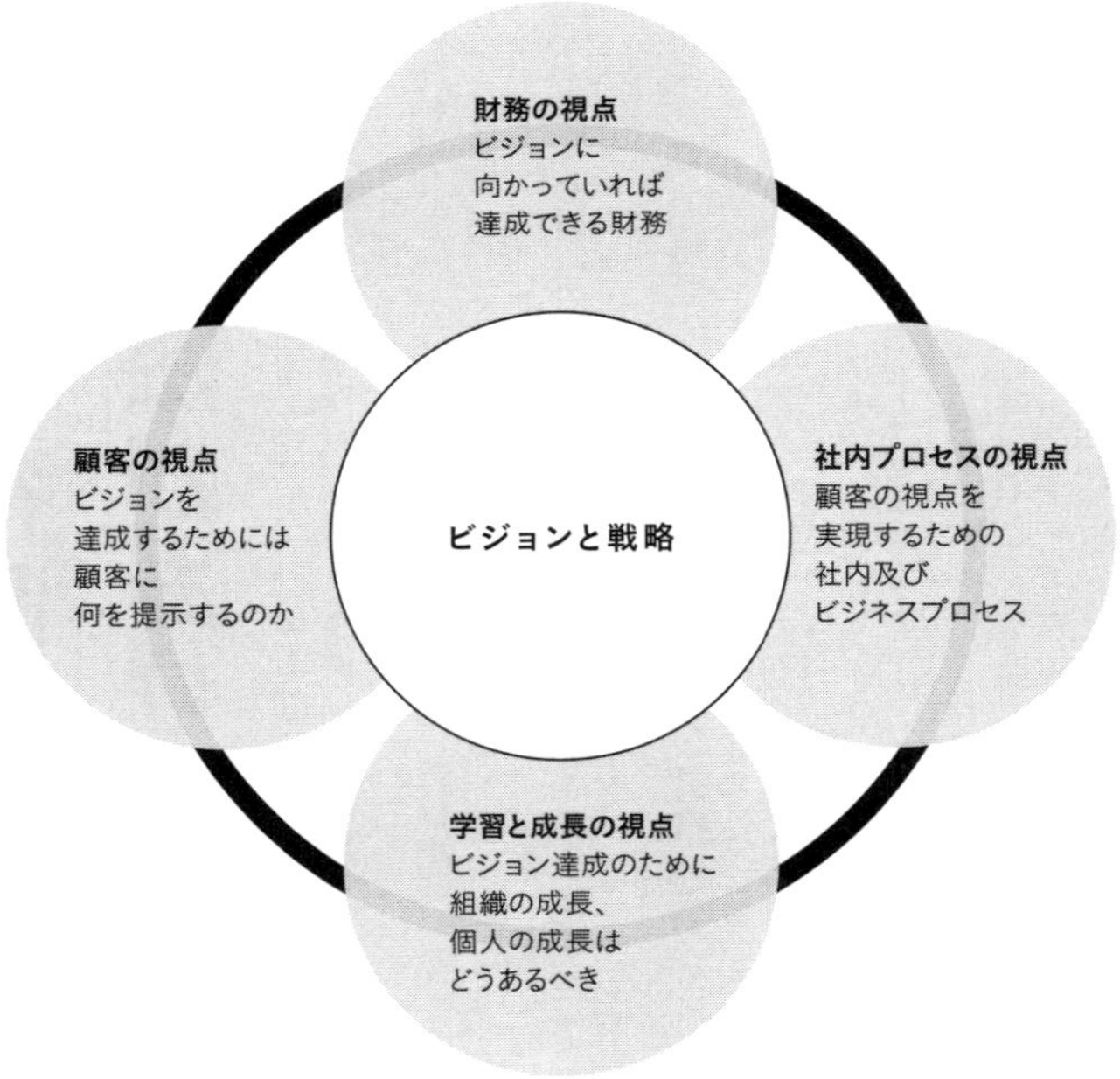

・これを実現するために、お客様に何を提供しますか。
・顧客にそれを提供するために、社内の営業プロセスや事務プロセスをどう変えていきますか。
・それを実現するために、我々は何を学び、どんなスキルを身につける必要がありますか。

逆に、売上目標が達成されないとき、フィードバックもできます。

・達成されていないのは、顧客に対して何が足りていないからでしょうか。
・顧客にそれが提供できなかったのは、ビジネス・プロセス、あるいはマーケティングプロセスの何が欠けていたからでしょうか。
・欠けていたものを補うために、私たちは何をさらに学ぶ必要があるのでしょうか。

こうしたことが、すべて「ビジョン」「戦略」と結びついています。

具体的に、前出の商社を例にしてつくってみました（左図）。

いちばん上に、到達すべき「ビジョン」が置かれます。

「社員とその家族が感動を持って働ける環境をつくる。

そのうえで『お客様の仕事を楽しくする』ことに役立てるように進化し続ける。」

ビジョンを受けて、このときの「戦略テーマ」がつくられます。

「オフィス業務の効率化で役に立つ」

会社としてオフィス業務の効率化を考えていくとして、ここを目指すとすると、財務はどうなるか。

「オフィス用品の一元管理の請負」と、新規ビジネスの「ドキュメント管理」が目標に据えられます。

この財務状況を実現させるために、お客様には何をしなくてはならないのか。ここから、「既存顧客」に2点、「新規顧客」にも2点の提案をしましょう。

この提案を行うために、社内ではどんな仕組みが必要になりますか。

[ビジョンと戦略が一目でわかる商社の例]

ビジョン

社員と家族が感動を持って働ける環境をつくる。そのうえで「お客様の仕事を楽しくする」ことに役立てるように日々進化し続ける

戦略テーマ

オフィス業務の効率化で役に立つ

↑

財務

・オフィス用品の一元管理の請負 前年10%増の売上 ・粗利益前年5%増	・ドキュメント管理(紙/電子ファイル) 前年50%増の売上 ・粗利益30%増

↑

顧客

既存顧客 1. オフィス用品一元管理の提案 2. 社内環境の整備の提案	新規顧客 1. 社内環境の整備の提案 2. オフィス用品一元管理の提案

↑

社内

・顧客管理システム ・顧客のニーズが 全社で共有できるシステム	・営業プロジェクト制度 ・顧客ごとのプロジェクトを推進

↑

学習

・営業力の強化 ・顧客ニーズの把握ができる コミュニケーション能力を向上させる	・プロジェクトリーダーの育成 ・事業部間の連携を取れる リーダーの育成

一つは、顧客のニーズを全社で共有できる「顧客管理システム」です。

また、顧客ごとのプロジェクトを推進する営業プロジェクトが必要です。

この社内の仕組みを回すためには、どんな学習が必要ですか。

一つは「営業力の強化」であり、もう一つは「リーダーの育成」が求められます。

こうした一貫した流れが成立して、「ビジョン」「戦略」を実現するために、具体的に何をしていかなくてはならないかが、一目でわかるわけです。

これもPDCAの一つの検証です。

PDCAは、上司と部下のコミュニケーションがカギなんですね

このPDCAサイクルを回すとき、「上司と部下」の面談が中心になります。

そこで、ＰＣＤＡを回す面談の際の、部下に対して上司が意識しておくべきポイントを挙げてみました。

1……部下の目標達成と成長のための面談である
2……求めている成果
3……成果を得ることで、成し遂げていきたい目的
4……部下の活動プロセスの中の抜けや漏れの確認

まずは、何のための面談であるかです。あくまで「部下の目標達成と成長のため」であることです。

また、成果は、この段階では目標設定しているので、「部下が求めている成果」です。ありがちな間違いは、成果の前に、お客様を毎週何回訪問するということを目標にしている会社があることです。

訪問するよりも、得られる成果は何か、という点をきちんと押さえておかないと、「訪問したからいい」というのでは話になりません。

お客様に笑顔であいさつしましょう、という行動プランを立てても、笑顔であいさつすることで、何が得られますか、という点を押さえておかないと、「成果」という点が抜けてしまいます。

重要なのは「上司の役割」です。

上司の役割とは何かを考えたとき、むろん、目先の売上、利益、業績が大切であることは言うまでもありませんが、それらを達成すればいいという問題ではありません。**単に達成させるということよりも、上司は、部下をどう評価するか、部下の成長をいかに促進させるかということが、中長期的に見て、非常に大切なことであり、そこにこそ上司の役割があると言ってよいでしょう。**

一般の企業ではこの点があまり認識されていない場合が多いのですが、ここを徹底させなくてはなりません。

ビジョンに向かって部下をどう評価するか、後継者をどう育成するか、です。

後継者の指名をいつでもできるようにしておく、ということが、会社にとって非常に大切なのです。ここを考えれば、ふだんからのコミュニケーションがいかに重要かがわかってくると思います。

評価を誤ると、せっかくビジョンを創って、こういう行動をすればいいとわかっても、まったく「左回り」に回らないことになります。

部下の、目に見える環境、行動のところに評価は入ってきます。リーダーや幹部は、部下をきちんと評価しようとしたら、常に部下に関心を持っていなくてはなりません。そうすれば、部下との日ごろのコミュニケーションも変わってくるはずです。

部下の何を見るかという点も、変わってきます。ビジョンを掲げて、そういうことが変わってこなくては、かえって困ったことになります。

部下とのコミュニケーションで、日常、上司はどんな行動をしているかです。

部下が一人で営業に行っている場合、月に1回は上司が同行したいものです。面談もしていきたい。フィードバックも、きちんと正確にやっていきたいものです。

部下がビジョンに沿った行動ができていないなら、そこでとことんディスカションをしなくてはなりません。

何がよくないのか、上司や会社がどんなことを期待しているかについて、しっかりとディスカッションできる会社になる必要があります。

ビジョンについて、その意図と行動を一致させることです。

何のためのフィードバックなのかと言えば、それは部下の成長のためでもあるし、ビジョンを実現するためでもあります。その意図、そして行動を一致させなくてはなりません。

この意図と行動をリーダー、上司が一致させずに、小手先で部下を動かそうとした瞬間に、それは部下に伝わります。

ビジョンに向かう会社は優しいというよりも、むしろ厳しい会社です。必要もないのに部下をほめてはならないのです。行動していなかったら、厳しく言わなくてはならないのです。

ビジョンが実現されたときの会社は、リーダー以下、すべての社員にとって、素晴らしい世界になるはずです。

そのときを目指して、上司はときに厳しい言葉もかけながら、部下を育成、成長させていくことを決意してください。

おわりに

左回りに回る会社を作ったリーダーが偉大と称賛される

ビジョンを目指し、偉大な会社、組織を作り上げることができるのは、天才的な偉大なリーダーのなせる業。そのように考えるのは、はっきりと言います。「間違いです」。

すべてのリーダーの始まりは、平凡から始まると思います。

本書で何度も繰り返してきた、左回りで愚直にＰＤＣＡを繰り返していき、素晴らしい会社、組織を作り上げたリーダーが偉大と呼ばれるのです。

このことを、ジム・コリンズは「弾み車を回す」と表現しています。

巨大で重い「弾み車」は、初めはまったく動かない、それでも回そうとしていると、いつか少し動き始める。そして、さらに力を込めていくと回転が増し、弾みがつき、やがてどんどんと回転力を強める。そうすると突破（ブレーク・スルー）の段階に入る。

左回りが面倒だと思うのは、やり方に慣れていないだけ

人が本質的に持っている、あり方、つまりビジョンに根差した経営が、これからの時代には必須になることは間違いありません。

それでも、左回りが面倒だと思うのは、これまで取り組んでこなかったことから、やりかたに慣れていないだけです。

誰でも、新しいことに取り組もうとした当初は思うようにいかず、難しいとか、やっても結果が出ないのではと思うものです。

それでもやり続けたときに、当初のそんな思いがどこから来たのかと思うくらい、当たり前のように実践している自分に気づきます。

さあ、弾み車を回しましょう。

そして一人でも多くのリーダーが、ビジョンに目覚め、左回りで素晴らしい会社、組織を作り上げることを願います。

羽谷朋晃

〈参考文献〉

『ビジョナリーカンパニー3 衰退の五段階』(ジム・コリンズ著/日経BP社)
『ビジョナリーカンパニー4 自分の意志で偉大になる』(ジム・コリンズ著/日経BP社)
『学習する組織』(ピーター・M・センゲ著/英治出版)
『出現する未来から導く』(Cオットー シャーマー、カトリン カウファー著/英治出版)
『ザ・ビジョン』(ケン・ブランチャード、ジェシー・ストーナー著/ダイヤモンド社)
『How Google Works』(エリック・シュミット、ジョナサン・ローゼンバーグ、アラン・イーグル、ラリー・ペイジ著/日本経済新聞出版社)
『申し訳ない、御社をつぶしたのは私です。』(カレン・フェラン著/大和書房)
『脳に悪い7つの習慣』(林成之著/幻冬舎)
『ソニー破壊者の系譜』(原田節雄/さくら舎)

羽谷朋晃（はたに・ともあき）
ビジョン経営コンサルタント
関西学院大学理工学部を卒業後、ビジョナリーカンパニーであるジョンソン＆ジョンソン株式会社に入社。その後日本ベクトン・ディッキンソン株式会社に転職し、今後100年の継続した成長を目指した変革プロジェクトを推進する一方で営業本部長として営業、マーケティングそして機械のメンテナンス部門のリーダーとして企業変革を成功させ、ビジョンのもとに変革を進める事で、売上や利益は必ずついてくる事を実践した。退職後は、エイチアールアイ合同会社の代表として独立する。企業変革を成功させる実務ノウハウに加え、米国ＮＬＰ協会の神経言語プログラミングの心理学や脳科学的アプローチを取り入れ、「感情×行動」理論を新たなノウハウとして組み込んだプログラムで数多くの企業変革をサポートしている。さらに、リーダーにとって何より重要な魂の入ったビジョン創造を実現する、株式会社World U Academy の「内観」をサポートする。
＜エイチアールアイ合同会社＞
URL:http://www.hri-coaching.com/
＜株式会社 World U Academy＞
URL:http://www.world-u.com/

グーグルを超えると言ってくれ

2016年11月7日　初版第1刷発行

著　者　羽谷朋晃
発行人　佐藤有美
編集人　安達智晃

発行所　株式会社経済界
〒107-0052　東京都港区赤坂1-9-13　三会堂ビル
出版局　出版編集部　☎03（6441）3743
出版営業部　☎03（6441）3744
振替　00130-8-160266

http://www.keizaikai.co.jp

ブックデザイン　小口翔平＋三森健太（tobufune）
カバーイラスト　Shapre
編集協力　エディット・セブン
印刷所　株式会社光邦

ISBN978-4-7667-8605-7